普通高等教育"十三五"创新型规划教材·电气工程及其自动化系列

电机控制

主编 高晗璎

哈尔滨工业大学出版社

内 容 简 介

本书着重介绍电机控制技术的基础理论及相关技术,全书分为7章,主要包括电机控制的相关知识、直流电动机、交流异步电动机、无刷直流电动机、开关磁阻电动机以及步进电动机的驱动控制技术。本书强调理论和实践相结合,结合相应章节的理论知识,在书中给出了大量的工程实例,以培养学生能力为主旨,最大限度地满足学生对工程实践知识的需要。

本书可作为高等院校本科电力电子与电力传动、工业自动化、电机、机电一体化专业"电机控制"课程的教材,也可作为相关专业工程技术人员的参考用书。

图书在版编目(CIP)数据

电机控制/高晗璎主编. ——哈尔滨:哈尔滨工业大学出版社,2018.3(2024.7重印)
ISBN 978-7-5603-6277-9

Ⅰ.①电… Ⅱ.①高… Ⅲ.①电机-控制系统-高等学校-教材 Ⅳ.①TM301.2

中国版本图书馆 CIP 数据核字(2016)第 260412 号

策划编辑 王桂芝
责任编辑 范业婷
出版发行 哈尔滨工业大学出版社
社　　址 哈尔滨市南岗区复华四道街10号 邮编150006
传　　真 0451-86414749
网　　址 http://hitpress.hit.edu.cn
印　　刷 哈尔滨圣铂印刷有限公司
开　　本 787mm×1092mm 1/16 印张12 字数286千字
版　　次 2018年3月第1版 2024年7月第2次印刷
书　　号 ISBN 978-7-5603-6277-9
定　　价 36.00元

(如因印装质量问题影响阅读,我社负责调换)

普通高等教育"十二五"创新型规划教材
电气工程及其自动化系列
编委会

主　任　戈宝军

副主任　王淑娟　叶树江　程德福

编　委　(按姓氏笔画排序)

　　　　　王月志　王燕飞　付光杰　付家才　白雪冰

　　　　　刘宏达　宋义林　张丽英　周美兰　房俊龙

　　　　　郭　媛　贾文超　秦进平　黄操军　嵇艳菊

序

随着产业国际竞争的加剧和电子信息科学技术的飞速发展,电气工程及其自动化领域的国际交流日益广泛,而对能够参与国际化工程项目的工程师的需求越来越迫切,这自然对高等学校电气工程及其自动化专业人才的培养提出了更高的要求。

根据《国家中长期教育改革和发展规划纲要(2010—2020)》及教育部"卓越工程师教育培养计划"文件精神,为适应当前课程教学改革与创新人才培养的需要,使"理论教学"与"实践能力培养"相结合,哈尔滨工业大学出版社邀请东北三省十几所高校电气工程及其自动化专业的优秀教师编写了《普通高等教育"十二五"创新型规划教材·电气工程及其自动化系列》教材。该系列教材具有以下特色:

1. 强调平台化完整的知识体系。系列教材涵盖电气工程及其自动化专业的主要技术理论基础课程与实践课程,以专业基础课程为平台,与专业应用课、实践课有机结合,构成了一个通识教育和专业教育的完整教学课程体系。

2. 突出实践思想。系列教材以"项目为牵引",把科研、科技创新、工程实践成果纳入教材,以"问题、任务"为驱动,让学生带着问题主动学习,在"做中学",进而将所学理论知识与实践统一起来,适应企业需要,适应社会需求。

3. 培养工程意识。系列教材结合企业需要,注重学生在校工程实践基础知识的学习和新工艺流程、标准规范方面的培训,以缩短学生由毕业生到工程技术人员转换的时间,尽快达到企业岗位目标需求。如从学校出发,为学生设置"专业课导论"之类的铺垫性课程;又如从企业工程实践出发,为学生设置"电气工程师导论"之类的引导性课程,帮助学生尽快熟悉工程知识,并与所学理论有机结合起来。同时注重仿真方法在教学中的作用,以解决教学实验设备因昂贵而不足、不全的问题,使学生容易理解实际工作过程。

本系列教材是哈尔滨工业大学等东北三省十几所高校多年从事电气工程及其自动化专业教学科研工作的多位教授、专家们集体智慧的结晶,也是他们长期教学经验、工作成果的总结与展示。

我深信:这套教材的出版,对于推动电气工程及其自动化专业的教学改革、提高人才培养质量,必将起到重要推动作用。

教育部高等学校电子信息与电气学科教学指导委员会委员
电气工程及其自动化专业教学指导分委员会副主任委员

2011 年 7 月

前　言

"电机控制"是电力电子与电力传动、工业自动化、电机、机电一体化等专业必修的一门课程，它将电机学、电机拖动、计算机控制等技术有机地结合到一起。通过本课程的学习，可以使学生掌握电机控制及相关技术的基础知识，为提高学生素质和实践技能打下良好的基础。

本书反映了电机控制领域的新知识和新方法，同时，又具有较强的实践性。本书内容包括：

第1章，对组成电机控制系统的几大部件，如自动控制策略、电力电子技术、电动机本体及其控制策略、传感器以及CPU的发展概况进行介绍。

第2章，对电机控制的相关技术进行了详细介绍，这部分内容包含了大量的实用电路，具有较强的实践性。

第3章，对直流电动机进行了介绍。直流电动机是最早出现的电动机，由于直流电动机具有适合调速的诸多优点，因此，一直在调速场合中占据统治地位。但是，机械结构的缺点限制了它的发展，它正逐渐被交流调速取代。尽管如此，直流电动机的控制思想以及电机控制的基本概念，仍然是后续交流电动机控制的基础。

第4章，对应用最多的交流异步电机进行了介绍。该电动机因为结构简单、体积小、质量轻、价格便宜、维护方便等特点，在生产和生活中得到了广泛应用。本章将详细介绍异步电动机调压调速、串级调速、变压变频调速等。

第5、6、7章分别对在实际中应用较多的特种电动机，如无刷电动机、开关磁阻电动机、步进电动机等进行了介绍。

遗憾的是，因篇幅有限，永磁同步电动机的驱动控制技术在本书中未做介绍。

本书全篇由高晗璎负责编写，研究生孙守旭、张文智参加了本书的整理、录入及校对工作。

本书可以作为电气工程、自动化专业电机控制的教材或参考书，也可作为科研院所、厂矿企业从事电机控制的科技工作者使用。

由于编者水平有限，书中难免存在疏漏和不足，敬请读者批评指正。

编　者
2017年5月

目 录

第1章 绪论 ... 1
1.1 自动控制策略 ... 1
1.1.1 PID 控制 ... 1
1.1.2 模糊控制 ... 2
1.2 电力电子技术 ... 2
1.2.1 电力电子器件 ... 2
1.2.2 脉宽调制(PWM)技术 ... 3
1.2.3 驱动及主电路拓扑结构 ... 3
1.3 电动机本体及其控制策略 ... 4
1.3.1 电动机本体 ... 4
1.3.2 电动机的控制策略 ... 5
1.4 传感器 ... 5
1.5 CPU ... 6
习题 ... 7

第2章 电机控制的基础知识 ... 8
2.1 电机控制中电力电子技术的应用 ... 8
2.1.1 基本概念 ... 8
2.1.2 PWM 控制技术 ... 8
2.1.3 半控型功率器件驱动技术 ... 14
2.1.4 全控型功率器件驱动技术 ... 17
2.2 电机控制中常用传感器 ... 23
2.2.1 位置传感器 ... 23
2.2.2 速度传感器 ... 26
2.2.3 电压、电流传感器 ... 30
2.3 电机控制中的 PID 控制 ... 31
2.3.1 模拟 PID 控制原理 ... 31
2.3.2 数字 PID 控制算法 ... 32
习题 ... 35

第3章 直流电动机控制 37

3.1 直流电动机的调速 37
3.1.1 调速的定义 37
3.1.2 直流电动机的调速方法 37
3.1.3 调速指标 39

3.2 开环直流调速系统 41
3.2.1 晶闸管-直流电动机调速系统(简称 VC-M 系统) 41
3.2.2 直流电机调速系统举例 42

3.3 闭环调速系统 46
3.3.1 单闭环调速系统的组成 46
3.3.2 闭环调速系统的动态数学模型及稳定性分析 46
3.3.3 转速、电流双闭环直流调速系统的组成 54

3.4 直流脉宽调速系统 55
3.4.1 脉宽调制变换器 55
3.4.2 直流脉宽调速系统举例 61

习题 64

第4章 异步电动机控制 65

4.1 交流调速系统的分类 65

4.2 异步电动机调压调速 67
4.2.1 异步电动机调压调速电路 67
4.2.2 异步电动机改变电压时的机械特性 67
4.2.3 转差功率损耗分析 69
4.2.4 异步电动机调压调速控制举例 71

4.3 异步电动机的串级调速系统 74
4.3.1 串级调速原理 74
4.3.2 串级调速系统的其他类型 77

4.4 异步电动机变压变频调速系统(VVVF 系统) 78
4.4.1 变频调速的基本控制方式 78
4.4.2 异步电动机电压、频率协调控制的机械特性 80
4.4.3 异步电动机变频调速举例 85

习题 88

第5章 无刷直流电动机控制 89

5.1 无刷直流电动机的基本结构和工作原理 89
5.1.1 无刷直流电动机的基本结构 89
5.1.2 无刷直流电动机的工作原理 92

5.2 无刷直流电动机的基本公式 ··· 95
   5.2.1 无刷直流电动机的数学模型 ··· 95
   5.2.2 无刷直流电动机的反电动势 ··· 97
   5.2.3 无刷直流电动机的工作方式 ··· 98
   5.2.4 无刷直流电动机稳态性能的动态模拟 ································· 101
   5.2.5 无刷直流电动机系统的简化数学模型 ································· 102
5.3 无刷直流电动机的运行特性分析 ··· 103
5.4 PWM 调制方式 ·· 104
5.5 无刷直流电动机转子位置信号的检测 ······································ 106
   5.5.1 转子位置传感器 ··· 106
   5.5.2 无位置传感器检测法 ·· 108
   5.5.3 无位置传感器的检测方法举例 ·· 112
5.6 无刷直流电动机的系统设计举例 ··· 114
习题 ·· 118

第 6 章 开关磁阻电动机控制 ·· 119

6.1 开关磁阻电动机的工作原理 ·· 119
6.2 开关磁阻电动机基本方程及性能分析 ·· 122
   6.2.1 SR 的基本方程 ··· 122
   6.2.2 理想化线性模型分析 ·· 123
   6.2.3 考虑磁路饱和时 SR 电动机分析 ·· 126
6.3 开关磁阻电动机的控制原理 ·· 128
   6.3.1 基本控制方式 ··· 128
   6.3.2 SR 电动机的启动运行 ··· 130
6.4 开关磁阻电动机系统的功率拓扑 ··· 131
6.5 开关磁阻电动机系统的反馈信号检测 ·· 134
   6.5.1 转子位置检测 ··· 134
   6.5.2 速度检测 ·· 135
6.6 实例:开关磁阻电动机调速系统设计 ·· 139
   6.6.1 开关磁阻电动机调速系统的硬件设计 ································· 140
   6.6.2 开关磁阻电动机调速系统的软件设计 ································· 143
习题 ·· 147

第 7 章 步进电动机控制 ·· 148

7.1 步进电动机的结构和工作原理 ··· 148
   7.1.1 步进电动机的分类与结构 ·· 148
   7.1.2 反应式步进电动机的工作原理 ·· 151
   7.1.3 混合式步进电动机的工作原理 ·· 155

  7.2 步进电动机的特性 ……………………………………………………… 155
    7.2.1 步进电动机的振荡、失步及抑制方法 …………………………… 155
    7.2.2 步进电动机的矩频特性 …………………………………………… 157
    7.2.3 步进电动机的矩角特性 …………………………………………… 158
  7.3 三相混合式步进电动机的理想化数学模型 …………………………… 159
  7.4 步进电动机的驱动技术 ………………………………………………… 162
  7.5 步进电机细分驱动举例 ………………………………………………… 168
  习题 …………………………………………………………………………… 177

参考文献 ……………………………………………………………………… 179

第1章 绪 论

随着电机控制技术、电力电子技术及现代控制理论的发展,以电动机速度控制为中心的电机控制系统得到了广泛的应用。如图1.1所示,以典型永磁同步电机控制系统为例,对电机控制系统中的相关知识——自动控制策略、电力电子技术、电动机本体及其控制策略、传感器和CPU予以介绍。

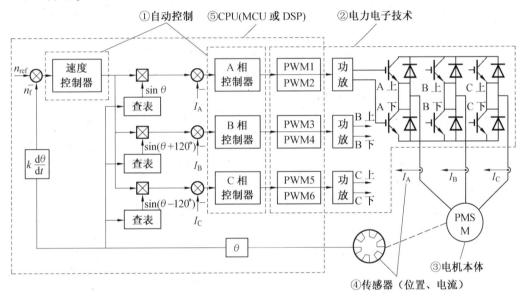

图1.1 永磁同步电机控制系统

1.1 自动控制策略

常用的控制策略有PID控制、模糊控制以及滑模变结构控制,由于篇幅有限,下面仅对PID控制和模糊控制予以介绍。

1.1.1 PID控制

PID控制,即采用PID调节器,分为比例微分(PD)、比例积分(PI)和比例积分微分(PID)三类。由PD调节器构成的超前校正,可以保证稳态精度,并获得足够的快速性,但稳定精度可能受影响;由PI调节器构成的滞后校正,可以保证稳定精度,但却是以对快速性的限制来换取系统的稳定性;用PID调节器实现的滞后-超前校正兼有二者的优点,可以全面提高系统的控制性能,但具体实现与调试要复杂一些。一般调速系统要求以动态稳定性和稳态精度为主,对快速性的要求差一些,所以主要采用 PI 调节器;在随动系统中,快速性是主要要求,需采用 PD 或 PID 调节器。

1.1.2 模糊控制

模糊控制(Fuzzy Control)是以模糊集合论、模糊语言变量和模糊逻辑推理为基础的一种计算机数字控制技术。模糊控制的基本思想是用人们在生产过程中的经验知识来构造控制器,把专家对特定的被控对象或过程的控制策略总结成"IF...THEN..."形式的模糊控制规则,利用计算机来实现手动控制。

1965 年,美国加利福尼亚大学 Zadeh L A 教授创立了模糊集理论,为模糊控制奠定了数学理论基础;1974 年,英国的 Mamdnai 教授成功地将模糊控制应用到蒸汽机控制中,从此模糊逻辑技术在系统建模和控制上得到了广泛的应用。

模糊逻辑技术之所以获得成功应用是因为它具有以下优点:

(1)模糊控制完全是根据操作人员的操作经验实现对系统的控制,能够很好地利用专业知识,解决许多复杂而无法建立精确数学模型系统的控制问题和许多难以用数学方法建模的复杂系统建模问题,是解决不确定性系统控制问题的一种有效途径。

(2)模糊控制具有较强的鲁棒性,被控对象参数的变化对模糊控制的影响不明显,可用于非线性、时变、时滞系统的控制。

(3)由离线计算得到了控制规则查询表,提高了控制系统的实时性。

(4)控制机理符合人们对过程控制的直观描述和思维逻辑,为智能控制的应用打下了基础。

对于大多数复杂被控对象,传统的控制方法往往难以达到满意的控制效果。而模糊控制不需要被控对象具有精确的数学模型,具有较强的鲁棒性,是解决许多实际复杂系统建模和控制问题的一种有效方法。近年来,模糊控制在理论上和应用上都获得了长足的进步,是自动控制领域中一个非常活跃而又硕果累累的重要分支。

1.2 电力电子技术

1.2.1 电力电子器件

电力电子技术是现代交流调速技术的基础,自 1957 年美国 GE 公司生产第一只晶闸管以来,功率器件的发展突飞猛进。目前,电力电子器件正向大电流、高电压、快通断、低损耗、小体积、集成化、模块化和智能化方向发展。下面简要介绍几个主要的电力电子器件。

1. 晶闸管

晶闸管,又称可控硅整流器(SCR),简称可控硅。

虽然各种全控型器件性能在不断提高,应用越来越广泛,但晶闸管能承受的电压和电流容量仍是目前电力电子器件中最高的,因此,其在大容量的场合仍具有比较重要的地位。

2. MOSFET

MOSFET 是功率场效应晶体管,虽分为结型和绝缘栅型,但通常是指绝缘栅型,简称功率 MOSFET(Power MOSFET)。

功率场效应管也称电力场效应晶体管,是一种单极型的电压控制器件,不但具有自关断能力,而且具有驱动功率小、开关速度高、无二次击穿和安全工作区宽等特点。由于其易于驱动和开关频率可达 500 kHz,特别适于高频化电力电子装置,如应用于 DC/DC 变换、开关电源、便携式电子设备、航空航天以及汽车等电子电器设备中。但因为其电流、热容量小,耐压低,一般只适用于小功率电力电子装置。

3. 绝缘栅双极晶体管(IGBT)

绝缘栅双极晶体管(Insulated Gate Bipolar Transistor,IGBT)结构相当于由一个 MOSFET 驱动的 GTR,因而它综合了 GTR 和 MOSFET 的优点,即它既具有 MOSFET 输入阻抗高、开关速度快、热稳定性好、驱动电路简单和驱动功率小的优点,也具有 GTR 通态压降低、通流能力强的优点。

IGBT 是一种复合器件,其输入控制部分为 MOSFET,输出级为双极型晶体管,因此兼有 MOSFET 和电力晶体管的优点,即高输入阻抗,电压控制,驱动功率小,开关速度快,工作频率可达到 10 ~ 40 kHz(比电力三极管高),饱和压降低(比 MOSFET 小得多,与电力三极管相当),电压、电流容量较大,安全工作区域宽。目前 2 500 ~ 3 000 V、800 ~ 1 800 A 的 IGBT 器件已有产品。

1.2.2 脉宽调制(PWM)技术

1964 年,德国学者 Shonung A 等人把通信领域中的调制技术应用于交流变频调速中,从而大大地促进了电机控制技术的发展。PWM 技术的发展和应用优化了变频装置的性能,变频调速系统采用 PWM 技术不仅可以及时、准确地实现变压、变频控制,而且更重要的是 PWM 技术能够满足高性能交流调速的要求,适用于各类电动机。该技术可以有效地抑制高次谐波,从而降低了变频调速时电机的转矩脉动,提高了电机的效率和调速范围,目前 PWM 技术已成为逆变系统中最主要的控制方式。

所谓 PWM 控制技术,就是利用半导体开关器件的通断把直流电压变成电压脉冲序列,通过控制电压脉冲的宽度和脉冲序列的周期,以达到变压、变频目的。由于 PWM 技术具有优良的调压和调频性能,因此能有效地除去低次谐波,防止低速时的转矩脉动。PWM 控制技术有很多种,从最初的电压正弦,到电流正弦,再到磁通正弦;从效率最优,到转矩脉动最少,再到消除噪声等,PWM 控制技术的发展经历了一个不断创新和完善的过程。PWM 控制技术按控制思想的不同,可分为四类,即等宽 PWM 法、正弦波 PWM 法(SPWM)、磁链追踪型 PWM 法和电流跟踪型 PWM 法。近几年又提出了不连续的 SVPWM 方法和随机 PWM 方法。

PWM 控制最基本的实现方法是通过载波和调制波相比较的模拟电路产生的,如将三角形载波(或锯齿波)与直流(或正弦波)调制波进行比较产生 PWM 波形。这种方法在模拟控制技术中被广泛采用,并出现过许多 PWM 生成芯片,如 TL494、SG3525 和 UC3842 等。

1.2.3 驱动及主电路拓扑结构

在实际应用电路中,往往要求放大电路的输出级输出一定功率,以驱动功率开关器件。能够提供足够信号功率的电路,简称功放。从能力控制和转换的角度看,功率放大电路与其他放大电路在本质上没有区别;只是功放既不是单纯追求输出高电压,也不是单纯追求输出大电流,而是追求电源电压在确定的情况下,输出尽可能大的功率。

常用的电机控制主电路拓扑结构有全桥(H桥)结构和三相半桥结构。

1.3 电动机本体及其控制策略

1.3.1 电动机本体

常见的电动机有直流电动机、异步电动机(交流感应电动机)、无刷直流电动机、永磁同步电动机和开关磁阻电动机等。

1. 直流电动机

直流电动机是最早出现的电动机,也是最早能实现调速的电动机。长期以来,由于直流电动机具有非常优秀的机械特性及宽的调速范围,因此一直占据着速度控制和位置控制的统治地位。但是,直流电动机的电刷和换向器却成为阻碍它发展的障碍。机械电刷和换向器的存在,造成它结构复杂、可靠性差、火花、噪声等一系列问题,影响了它的应用范围。

2. 异步电动机

异步电动机使用单相或三相电源,按转子形式不同分为笼式和绕线式两种。二者的定子结构相同,均为三相对称绕组,当定子中通以对称的三相电流时,将产生旋转磁场。笼式异步电动机的构造简单,效率和功率因数高,成本低,因而得到了广泛使用;其缺点是,启动性能差,采用深槽或双笼式结构可以改进它的启动性能。绕线式异步电动机的转子通常为三相对称绕组,运行时通过滑环短接,启动时通过滑环串接电阻提高启动转矩,改善启动性能。相比之下,绕线式异步电动机的价格较贵,并需对滑环及电刷进行维护。

3. 无刷直流电动机

无刷直流电动机利用电子换向器取代了电刷和换向器,因此,其不仅保留了直流电动机的优点,而且也具有交流电动机结构简单、运行可靠、维护方便等优点,一经出现,就以极快的速度发展。无刷直流电动机的转子是由永磁材料制成的、具有一定磁极对数的永磁体。定子上有电枢,这一点与永磁有刷直流电动机正好相反,永磁有刷直流电动机的电枢在转子上,而永磁体在定子上。无刷直流电动机的定子绕组采用整距集中式绕组。绕组的相数有二相、三相、四相和五相,但应用最多的是三相和四相。各相绕组分别与外部的电力电子电路相连,开关电路中的开关管由位置传感器的输出信号控制。

4. 永磁同步电动机

永磁同步电动机(Permanent Magnet Synchronous Motor,PMSM)是从绕线式转子同步电动机发展而来的,采用强抗退磁的永磁转子代替绕线式转子,因而淘汰了易出故障的绕线式转子同步电动机的电刷,克服了交流同步电动机的致命弱点,同时它兼有体积小、质量轻、惯性低、效率高、转子无发热问题的特点,因此一经出现,便在高性能的伺服系统中得到了广泛的应用,例如工业机器人、数控机床、柔性制造系统以及各种自动化设备等领域。

5. 开关磁阻电动机

开关磁阻电动机(SRM)是开关磁阻电动机传动系统(SRD)中,实现机电能量转换的部件,也是SRD有别于其他电动机驱动系统的主要标志。SRM为双凸极可变磁阻电动机,其定子、转子的凸极均由普通硅钢片叠压而成。转子既无绕组也无永磁体,定子极上绕有集中绕组,径向相对的两个绕组连接起来,称为"一相",SRM电动机可设计成多种不同相数结构,且定子、转子的极数有多种不同的搭配。SRM 电动机相数多、步距角小,有利于减少转矩脉动,但结构复杂,且主开关器件多,成本高,目前应用较多的是四相(8/6)和三相(12/8)结构。

开关磁阻电动机的结构比鼠笼式异步电动机的还要简单,其转子没有绕组和永磁体,也不像鼠笼式异步电动机那样要求有较高的铸造工艺,因此转子机械强度极高,可用于高速运行。电动机的可控参数有开通角、关断角、相电流幅值和相电压。该电动机具有较好的四象限运行能力和再生制动能力,同时具有启动电流小的特点,适于频繁启停和正反转运行的场合。

1.3.2 电动机的控制策略

交流电动机常见的控制方法有 3 种,即标量控制、矢量控制和直接转矩控制。

1. 标量控制

标量控制中,大都是控制电动机压频比的控制方案,即 VVVF 控制方案。在电动机调速时,一个重要的因素是保持每极磁通量 Φ_m 为额定值。如果磁通太弱,没有充分利用电动机的磁芯则是一种浪费;如果过分增大磁通,又会使铁芯饱和,导致过大的励磁电流,严重时会因绕组过热而损坏电动机。对于直流电动机,励磁系统是独立的,只要对电枢反应有恰当的补偿,保持不变是很容易做到的。但在交流异步电动机中,磁通由定子和转子磁动势合成产生,要保持磁通恒定就不那么容易了。

变频调速是一种常用的调速方式,但变频的同时也必须协调地改变电动机的供电电压,否则电动机将出现磁饱和或欠励磁现象,对电动机是不利的。将 PWM 控制方式应用于感应电动机 VVVF 调速系统的主电路,并进行控制,是进行能量转换并实现 VVVF 控制的有效手段。

2. 矢量控制

为了使交流电动机能够像直流电动机一样具有优良的动静态调速特性,20 世纪 70 年代,德国学者 Blaschke F 提出了矢量变换的控制原理,成功地解决了交流电动机电磁转矩的有效控制问题。采用矢量控制策略,在磁场定向的基础上,利用坐标变换实现了电动机定子绕组电流中的励磁分量和转矩分量的解耦,从而使得交流电动机具有和直流电动机相似的动静态性能。目前,较为成熟的矢量控制方法有转子磁场定向矢量控制、定子磁场定向矢量控制和滑差频率矢量控制等。

3. 直接转矩控制

20 世纪 80 年代,德国鲁尔大学的 Depenbrock M 教授提出了感应电动机的直接转矩控制理论。与矢量控制不同,直接转矩控制不需考虑如何将定子绕组电流分解为励磁电流分量和转矩电流分量,而是以转矩和磁通的独立跟踪自调整,并借助于转矩的 Bang-Bang 控制来实现转矩和磁通直接控制。与矢量控制法相比,直接转矩控制可获得更大的瞬时转矩和极快的动态响应,因此,交流电动机直接转矩控制也是一种很有前途的控制技术。

1.4 传 感 器

在对电动机的控制中,控制系统可分为开环控制系统和闭环控制系统两类。开环控制系统比较简单,能够满足一般的控制要求;闭环控制系统则用于有精度要求的控制。在电机控制系统中,这些精度要求包括:电动机本身的运动精度要求,如角度和转速;执行机构的运动精度要求,如线位移和角位移;电机控制精度的要求,如电流、电压。要实现对这些物理量的精确控制,就必须通过高精度的检测传感器对这些物理量进行检测,将检测的结果转换成数字量,反馈给所用芯片,通过芯片对这些数据进行处理,以处理的结果作为控制量对电动机进行控制,从而实现闭环控制。所以,检测传感器加上反馈环节是开环和闭环控制系统的主要区别。

在电机控制中常用的电流传感器有电流互感器和电流霍尔传感器;电压传感器有电压霍尔传感器;转子位置传感器有光电编码器和霍尔位置传感器;速度传感器有光电式转速传感器、霍尔式转速传感器和测速发电机等。

1.5 CPU

1. MCU

MCU(Micro Controller Unit)即微控制器,又称单片微型计算机(Single Chip Microcomputer),是指随着大规模集成电路的出现和发展,将计算机的 CPU、RAM、ROM、定时器和多种 I/O 接口集成在一块芯片上形成的芯片级计算机。这就是通常所说的单片机,主要包括 MCS-51 系列、MCS-96 系列、PIC 系列和 AVR 系列。

2. DSP 系列处理器

DSP(Digital Signal Processor)即数字信号处理器,是一种具有特殊结构的微处理器。它出现于 20 世纪 70 年代末和 80 年代初,实际上是一款高性能的单片机,其内部集成了 CPU、控制芯片和外围设备等。早期的 DSP 是针对数字信号处理的,如语音、图像信号等,因此得名数字信号处理器。随着技术的发展,DSP 开始向其他应用领域发展,特别是进入 20 世纪 90 年代以来,DSP 技术已被普遍应用,尤其是在电机控制领域中。

3. 可编程器件

以下介绍 3 种可编程器件,即通用阵列逻辑 GAL(Generic Array Logic)、复杂可编程逻辑器件 CPLD(Complex Programmable Logic Device)和现场可编程门阵列 FPGA(Field Programmable Gate Array)。

(1)通用阵列逻辑 GAL。

通用阵列逻辑器件是继 PAL 器件后,于 20 世纪 80 年代中期推出的一种低密度可编程逻辑器件。在结构上,它采用了输出逻辑宏单元(Output Logic Macro Cell,OLMC)结构形式。在工艺上吸收了 EEPROM 的浮栅技术,具有可擦除、可重新编程、数据可长期保存和可重新组合结构的特点。另外由于其输出采用了逻辑宏单元结构(Output Logic Macro Cell,OLMC),使得电路的逻辑设计更加灵活。

(2)复杂可编程逻辑器件 CPLD。

CPLD 即复杂可编程逻辑器件,是从 PAL 和 GAL 器件发展而来的器件,相对而言规模大,结构复杂,属于大规模集成电路范围。CPLD 是一种用户根据各自需要而自行构造逻辑功能的数字集成电路,其基本设计方法是借助集成开发软件平台,利用原理图、硬件描述语言等方法生成相应的目标文件,通过下载电缆将代码传送到目标芯片中,实现设计的数字系统。

CPLD 主要由可编程逻辑宏单元(Macro Cell,MC)围绕中心的可编程互连矩阵单元组成。其中 MC 结构较复杂,并具有复杂的 I/O 单元互连结构,可由用户根据需要生成特定的电路结构,完成一定的功能。由于 CPLD 内部采用固定长度的金属线进行各逻辑块的互连,所以设计的逻辑电路具有时间可预测性,避免了分段式互连结构时序不完全预测的缺点。

(3) 现场可编程门阵列 FPGA。

FPGA 即现场可编程逻辑阵列，它是在 PAL、GAL、CPLD 等可编程器件的基础上进一步发展的产物。它是作为专用集成电路(ASIC)领域中的一种半定制电路而出现的，既解决了定制电路的不足，又克服了原有可编程器件门电路数有限的缺点。新一代的 FPGA 甚至集成了中央处理器(CPU)或数字信号处理器(DSP)内核，在一片 FPGA 上进行软硬件协同设计，为实现片上可编程系统(System On Programmable Chip, SOPC)提供了强大的硬件支持。

习　题

1. 电动机驱动控制系统通常由几部分构成，绘图加以说明。
2. 何谓 PID 控制器？说明 P、I、D 的作用。
3. 简述何谓模糊控制器。
4. 电机控制系统中，常用的功率开关器件有几种？分别是什么？
5. 常用的电机控制方法有哪几种？
6. 简述标量控制的含义。
7. 简述矢量控制的含义。
8. 简述直接转矩控制的含义。
9. 电机控制系统中常用的传感器有哪几种？

第 2 章　电机控制的基础知识

2.1　电机控制中电力电子技术的应用

2.1.1　基本概念

电力电子技术，就是利用电力电子器件对电能进行变换和控制的技术，具体地说，就是对电压、电流、频率、波形和相数等进行变换，为不同负载提供适配电源。作为一门新兴的学科，电力电子技术已被广泛地应用在高品质直流电源、电力系统、变频调速、新能源及各种工业与家用电器等领域，成为现代高科技领域的支撑技术。因此，电力电子技术成为电机控制技术发展中最重要的物质基础。

2.1.2　PWM 控制技术

随着全控型电力电子器件的出现和发展，脉宽调制(Pulse Width Modulation，PWM)在电力电子变流技术中获得了广泛应用。脉宽调制就是对脉冲的宽度进行控制的技术，又称定频调宽控制方式，它是在脉冲工作频率(或周期 T)不变情况下，通过改变开关导通时间 t_{on} 来改变占空比 α，从而获得所需的等效电压或电流。

从最初追求电压正弦，到电流正弦，再到磁通正弦；从效率最优，转矩脉动最少，再到消除噪声等，PWM 控制技术经历了一个不断创新和不断完善的过程。PWM 控制技术从控制思想上可分为 4 类，即等宽 PWM 法、正弦波 PWM(SPWM)法、磁链追踪型 PWM 法和电流跟踪型 PWM 法。近年来，又提出了不连续的 SVPWM 方法和随机 PWM 方法。

下面主要介绍 3 种常用的 PWM 控制方式。

1. 等宽 PWM 法

等宽 PWM 法是 PWM 控制技术中最简单的一种，如图 2.1 所示，就是利用每一脉宽相等的脉冲序列控制功率开关管的通断。当输入为高电平时，开关管导通，t_1 s 后，输入变为低电平，开关管截止；t_2 s 后，输入重新变为高电平，然后，开关管重复前面的过程。开关管的导通时间 t_1 与周期 T 的比值为占空比，用 α 表示，占空比 $\alpha=t_1/T$，α 的变化范围为 $0 \leqslant \alpha \leqslant 1$。由此可知，改变 α 的大小就可改变输出电压的平均值，从而达到调压的目的。相对于 PAM(脉冲幅度调制)法，该方法的优点是简化了电路结构，但在输出电压中除基波成分外，还包含较大的谐波成分。

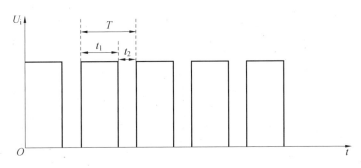

图 2.1 等宽脉冲波形

2. 正弦波 PWM(SPWM)法

(1)工作原理。

正弦波脉宽调制(Sinusoidal PWM,SPWM)法是一种比较成熟的、目前使用广泛的 PWM 控制技术,该方法是为了克服等脉宽 PWM 法的缺点发展而来的。它从电动机供电电源的角度出发,着眼于如何产生一个可调频率、电压的三相对称正弦波电源。

如图 2.2 所示,它是以一个正弦波作为调制波,用一列等幅的三角波(称为载波)与之相比较,由它们的交点确定逆变器的开关模式:当调制波高于载波时,相应的开关器件导通;当调制波低于载波时,开关器件截止。由此产生脉宽随调制波幅值变化的等幅脉冲序列,其特点是,在半个周期中等距、等幅(等高)、不等宽,总是中间的脉冲宽,两边的脉冲窄,各脉冲面积与该区间正弦波下的面积成比例,这样,输出电压中的低次谐波分量明显减少。

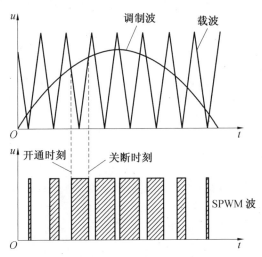

图 2.2 与正弦波等效的等幅不等宽矩形脉冲序列

(2)单、双极性。

根据输出电压波的极性不同,又可将 SPWM 为分为单极性 SPWM 波和双极性 SPWM 波。图 2.3(a)为单相桥式 PWM 逆变器电路,采用单极性控制时,在每半个周期内,逆变桥的同一桥臂的上下两只逆变开关管中,只有一只逆变开关管按图 2.3(b)的规律反复通断,而另一只逆变开关管始终关断;在另外半个周期内,两只逆变开关管的工作状态正好相反;采用双极性控制时,在全部周期内,同一桥臂的上下两只逆变开关管交替通断,形成互补工作方式,其控制波形如图 2.3(c)所示。比较而言,单极性死区控制只需加在调制波的过零点,输出电压高,波形畸变小;双极性需在每个载波周期中加入死区,输出电压低,波形畸变大。

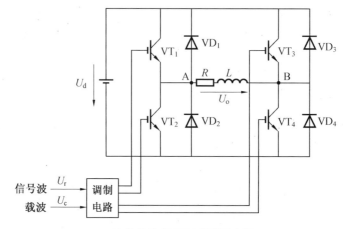

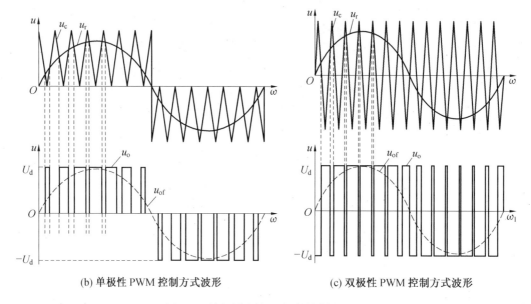

(a) 单相桥式 PWM 逆变器电路

(b) 单极性 PWM 控制方式波形   (c) 双极性 PWM 控制方式波形

图 2.3 单相桥式单、双极性控制原理图

(3) 软件调制法。

产生 SPWM 信号的方法可分为硬件调制法和软件调制法两类。

硬件调制法是为了解决等面积法计算烦琐的缺点而提出的,其原理就是把所希望的波形作为被调制信号,通过载波调制得到所期望的 PWM 波形。通常采用等腰三角波作为载波,当调制信号波为正弦波时,所得到的就是 SPWM 波形。其实现方法简单,可以用模拟电路构成三角形载波和正弦调制波发生电路,用比较器来确定它们的交点,在交点时刻对开关器件的通断进行控制,进而生成 SPWM 波。但这种模拟电路复杂,难以实现精确控制。

由于微机技术的发展使得用软件生成 SPWM 波形变得比较容易,因此,软件生成法也应运而生。软件生成法就是用软件来实现调制的方法,SPWM 信号实时计算方法有多种,如规则采样 SPWM 法、谐波消去法、等面积法,以及由它们派生出的各种方法。下面,以规则采样 SPWM 法为例进行介绍,该方法分为对称规则采样法和不对称规则采样法两种。

①对称规则采样法。

对称规则采样法是以每个三角波的对称轴(顶点对称轴或底点对称轴)所对应的时间作为采样时刻。过三角波的对称轴与正弦波的交点,作平行轴的平行线,该平行线与三角波的两个腰的交点作为 SPWM 波"开"和"关"的时刻,如图2.4(a)所示,由于这两个交点是对称的,因此称为对称规则采样法。

这种方法实际上是用一个阶梯波去逼近正弦波。由于在每个三角波周期中只采样一次,因此,计算得到简化。

下面推导其数学模型。由图2.4(a)可得

$$\left. \begin{array}{l} t_{\text{off1}} = \dfrac{T_c}{4} - a \\ t_{\text{on1}} = \dfrac{T_c}{4} + a \end{array} \right\} \tag{2.1}$$

式中 t_c——载波周期;
t_{on}——导通时间;
t_{off}——关断时间。

可以得到:

$$\left. \begin{array}{l} t_{\text{off1}} = \dfrac{T_c}{4}(1 - M\sin \omega t_1) \\ t_{\text{on1}} = \dfrac{T_c}{4}(1 + M\sin \omega t_1) \end{array} \right\} \tag{2.2}$$

式中 M——调制比。

因此,生成的 SPWM 波的脉宽为

$$t_{\text{on}} = 2t_{\text{on1}} = \dfrac{T_c}{2}(1 + M\sin \omega t_1) \tag{2.3}$$

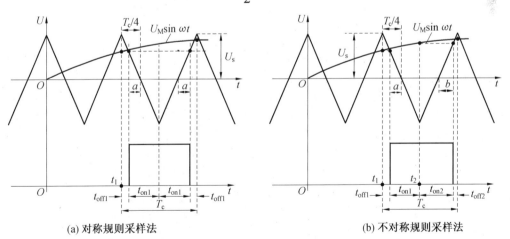

(a) 对称规则采样法　　　　　　　　(b) 不对称规则采样法

图2.4　规则采样法生成 SPWM 波

T_c—载波周期;t_{on}—导通时间;t_{off}—关断时间;U_M—调制波幅值;U_s—载波幅值;a、b—辅助变量

令三角波载波频率 f_c 与正弦波频率 f 之比为载波比 N,因此有

$$N = \frac{f_c}{f} = \frac{1}{T_c f} \tag{2.4}$$

$$t_1 = kT_c \quad (k=0,1,2,\cdots,N-1) \tag{2.5}$$

式中，k 为采样序号，所以有

$$\omega t_1 = 2\pi f t_1 = 2\pi f k T_c = \frac{2\pi k}{N} \tag{2.6}$$

将式(2.6)代入式(2.3)，可得

$$t_{on} = \frac{T_c}{2}\left(1 + M\sin\frac{2\pi k}{N}\right) \tag{2.7}$$

由式(2.7)可知，当 T_c、M、N 已知后，就可计算出每个载波周期内的导通时间 t_{on}。

②不对称规则采样法。

对称规则采样法的数学模型简单，但由于每个载波周期内只采样一次，因此所形成的阶梯波与正弦波的逼近程度存在较大误差。如果既在三角波的顶点对称轴位置采样，又在三角波的底点对称轴位置采样，也就是每个载波周期采样两次，这样所形成的阶梯波与正弦波的逼近程度将会大大提高。

不对称规则采样法生成机理如图 2.4(b)所示，由于所形成的阶梯波与三角波的交点并不对称，因此称其为不对称规则采样法。

由图 2.4(b)可知，当在三角波顶点对称轴位置 t_1 时刻采样时，则有

$$\left.\begin{aligned} t_{off1} &= \frac{T_c}{4} - a \\ t_{on1} &= \frac{T_c}{4} + a \end{aligned}\right\} \tag{2.8}$$

当在三角波的底点对称轴位置 t_2 时刻采样时，则有

$$\left.\begin{aligned} t_{off2} &= \frac{T_c}{4} - b \\ t_{on2} &= \frac{T_c}{4} + b \end{aligned}\right\} \tag{2.9}$$

可以得到

$$\left.\begin{aligned} t_{off1} &= \frac{T_c}{4}(1 - M\sin \omega t_1) \\ t_{on1} &= \frac{T_c}{4}(1 + M\sin \omega t_1) \\ t_{on2} &= \frac{T_c}{4}(1 + M\sin \omega t_2) \\ t_{off2} &= \frac{T_c}{4}(1 - M\sin \omega t_2) \end{aligned}\right\} \tag{2.10}$$

生成的 SPWM 波的脉宽为

$$t_{on} = t_{on1} + t_{on2} = \frac{T_c}{2}\left[1 + \frac{M}{2}(\sin \omega t_1 + \sin \omega t_2)\right] \tag{2.11}$$

由于每个载波周期采样两次，所以

$$t_1 = \frac{T_c}{2}k \quad (k=0,2,4,\cdots,2N-2)$$
$$t_2 = \frac{T_c}{2}k \quad (k=1,3,5,\cdots,2N-1)$$
(2.12)

则有

$$\omega t_1 = 2\pi f t_1 = 2\pi f \frac{T_c}{2}k = \frac{\pi k}{N} \quad (k=0,2,4,\cdots,2N-2)$$
$$\omega t_2 = 2\pi f t_2 = 2\pi f \frac{T_c}{2}k = \frac{\pi k}{N} \quad (k=1,3,5,\cdots,2N-1)$$
(2.13)

结合式(2.10),则有

$$t_{on1} = \frac{T_c}{4}\left(1+M\sin\frac{\pi k}{N}\right) \quad (k=0,2,4,\cdots,2N-2)$$
$$t_{on2} = \frac{T_c}{4}\left(1+M\sin\frac{\pi k}{N}\right) \quad (k=1,3,5,\cdots,2N-1)$$
(2.14)

式中,k 为奇数时为底点采样;k 为偶数时为顶点采样。

不对称规则采样法的数学模型尽管略微复杂一些,但由于其阶梯波更接近于正弦波,所以谐波分量的幅值更小,因此在实际中得到了更多的应用。

SPWM 法以输出波形接近正弦波为目的,忽视了直流电压的利用率,其直流电压利用率仅为 86.6%,原因是正弦波的幅值不能超过三角波的幅值。

3. 提高输出电压利用率的方法

(1) 正弦波叠加 3 次谐波。

为了提高直流电压利用率,可以采用正弦波叠加 3 次谐波作为调制波的方法,即在相电压调制信号中叠加 3 次谐波,形成马鞍波,则输出相电压中也有 3 次谐波,且三相的 3 次谐波相位相同。在合成相电压时,3 次谐波相互抵消,三相输出线电压仍为正弦波,如图 2.5 所示。

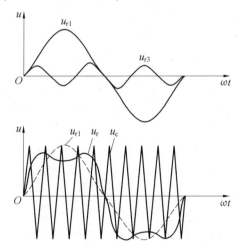

图 2.5 叠加 3 次谐波的调制信号

图 2.5 中,马鞍形调制波 u_r 为正弦波 u_{r1} 与 3 次谐波 u_{r3} 的合成。在正弦波 u_{r1} 的正峰值附近与 3 次谐波 u_{r3} 的负峰值叠加,形成马鞍波。这样在鞍形调制波的幅值达到三角载波幅值

时,其中包含的正弦波 u_{r1} 分量已经超过了三角载波幅值,因此输出电压的基波分量得到提高,即提高了直流电压利用率,该方法可以使直流电压利用率提高15%。

(2) 电压空间矢量控制 SVPWM。

电压空间矢量控制 SVPWM(Space Vector PWM,SVPWM)是近年发展起来的一种比较新颖的控制方法,它是从电动机的角度出发,着眼于如何使电动机获得圆形旋转磁场。它以三相对称正弦波供电时交流电动机的理想磁链圆为基准,用逆变器的不同开关模式所产生的实际磁链矢量去追踪基准磁链圆,由追踪的结果决定逆变器的开关模式,形成 PWM 波。这样形成的 PWM 波也必定是三相对称的正弦波。

与 SPWM 相比较,SVPWM 技术对谐波的抑制更为有效,谐波成分小,基波成分大,不仅使电动机的转矩脉动降低,电流波形畸变减少,而且使旋转磁场更逼近圆形,同时,直流电压利用率也有了提高,拓宽了调速范围,易于实现数字化。

2.1.3 半控型功率器件驱动技术

电力电子器件的发展非常迅速,而且种类也非常多,下面主要介绍电机控制中常用的几种功率电子开关器件。

1. 晶闸管

晶闸管(Thyristor)俗称可控硅(SCR),其正式名称是反向阻断三端晶闸管。

(1) 晶闸管的触发要求。

各种电力电子器件的门极或控制极的控制电路都应提供符合一定要求的触发脉冲。对于晶闸管的触发脉冲来说,其主要作用是决定晶闸管的导通时刻,同时还应提供相应的门极触发电压和门极触发电流。触发脉冲的主要参数有触发电流、脉冲宽度等,具体要求如下。

① 触发电流。晶闸管是电流控制型器件,只有在门极里注入一定幅值的触发电流才能触发导通。由于晶闸管伏安特性的分散性,以及触发电压和触发电流随温度变化的特性,所以触发电路所提供的触发电压和触发电流应大于产品目录所提供的可触发电压和可触发电流,从而保证晶闸管的可靠触发,但不得超过规定的门极最大允许触发电压和最大允许触发电流。实际触发电流可整定为 3~5 倍的额定触发电流。

② 触发脉冲宽度。触发脉冲的宽度应能保证使晶闸管的阳极电流上升到大于擎住电流。由于晶闸管的开通过程只有几微秒,但并不意味着几微秒后它已能维持导通。若在触发脉冲消失时,阳极电流仍小于擎住电流,晶闸管将不能维持导通而关断。因此对脉冲宽度有一定要求,它和变流装置的负载性质及主电路的形式有关。

③ 强触发脉冲。触发脉冲前沿越陡,越有利于并联或串联晶闸管的同时触发导通。因此,在并联或串联晶闸管时,要求触发脉冲前沿陡度大于或等于 10 V/μs,通常采取强触发脉冲的形式。另外,强触发脉冲还可以提高晶闸管承受 di/dt 的能力。

④ 触发功率。触发脉冲要有足够的输出功率,并能方便地获得多个输出脉冲,每相中多个脉冲的前沿陡度不要相差太大。为了获得足够的触发功率,在门极控制电路中通常需要功率放大电路。

(2) 晶闸管过零触发。

晶闸管的控制可采用移相控制或过零控制两种方案。移相触发虽然电流连续可调,但会对工厂电网产生冲击和干扰;并且闭环控制时,很难保证正负半波面积相等,从而产生直流分量;当控制角较小时,功率因数较低。为了避免晶闸管开通期间输出电压和电流的跳变对负载和同电网的其他设备产生不良影响,交流调功器通常采用"过零触发"的方式,即晶闸管总是在电源电压的过零点被触发导通,使负载电流和电压每次出现都是从零开始。

① 双向可控硅。

如果将两个反并联的单向可控硅置于同一硅片上,则组成一个双向可控硅,其符号如图 2.6 所示。这种可控硅具有双向导通功能,由控制极 G 决定,当 G 上无信号时,MT_1 与 MT_2 间呈高阻状态,管截止;当 MT_1 与 MT_2 之间加一大于阈值的电压时,就可利用控制端 G 电压来使管导通。

② MOC3061 系列光电双向可控硅驱动器概述。

MOC3061 系列光电双向可控硅驱动器的特点是大大加强了静态 dv/dt 能力,保证了电感负载稳定的开关性能。由于输入输出采用光电隔离,绝缘电压可达 7 500 V。最大触发电流为 15 mA,可用来驱动工作电压为 220 V 的交流双向可控硅。当交流负载电流较小(如 200 mA 以下)时,也可以直接用它带负载。

图 2.6　双向可控硅内部结构

MOC3061 系列产品适合用于电磁阀及电磁铁控制、电机驱动和温度控制等,也可用于固态继电器、交流电源开关等场合。由于采用了光电隔离,并且能用 TTL 电平驱动,因此它很容易与微处理器接口,进行各种自动控制设备的实时控制。

MOC3061 系列采用双列直插 6 引脚封装形式,其引脚排列及内部电路如图 2.7 所示。器件由输入、输出两部分组成:1、2 脚为输入端,输入级是一个砷化镓红外发光二极管(LED),该二极管在 5~15 mA 正向电流作用下,发出足够的红外光,触发输出部分;3、5 脚为空脚,4、6 脚为输出端,输出级为具有过零检测的光控双向可控硅。

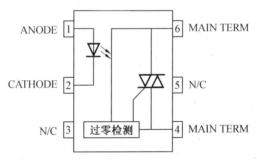

图 2.7　MOC3061 内部结构

③ 过零触发电路。

图 2.8 中 R_1 为限流电阻,使输入的 LED 电流为 15 mA。R_2 是双向可控硅的门极电阻,当可控硅灵敏度较高时,门极阻抗也很高,与 R_2 并联可提高抗干扰能力。R_3 是触发功率双向可控硅的限流电阻,其值由交流电网电压峰值及触发器输出端允许重复冲击电流峰值决定。

(3) 晶闸管的相控触发。

将控制信号转变为触发角,经功放触发可控整流器、交流调压器或有源逆变器中晶闸管的门极驱动电路。改变触发角,可以改变可控整流器和交流调压器的输出电压,也可以改变有源逆变器的回馈功率。相控触发电路的脉冲输出器一般由脉冲放大器和脉冲变压器组成。放大器将移相器输出的脉冲信号放大为功率足够的门极触发脉冲。脉冲变压器完成主电路和控制电路之间的电气隔离,并将触发脉冲传送到晶闸管的门极。为了减小脉冲变压器的体积,常将

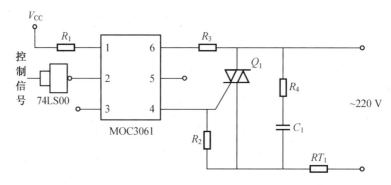

图 2.8 过零触发电路

触发脉冲调制为一列窄脉冲。另一种晶闸管的门极触发可采用单结晶体管实现。

2. 单结晶体管

单结晶体管又称为双基极二极管,其结构和电路符号如图 2.9 所示,是在一块 N 型半导体材料的一侧扩展出一个 P 型区域,形成一个 PN 结。引出 3 个电极,分别为发射极 e、第一基极 b_1 和第二基极 b_2,因此发射极和另外两个电极具有单向导电性。

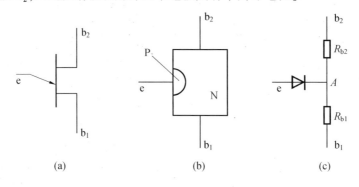

图 2.9 单结晶体管的符号、结构和等效电路

图 2.9(c) 为单结晶体管的等效电路,PN 结等效为一个二极管,图中的 A 点为 N 型材料的中点,为等效二极管的阴极。R_{b1}、R_{b2} 为 N 型材料上、下两半部分 A 到 b_1 和 A 到 b_2 之间的等效电阻。N 型材料的总电阻 $R_{bb}=R_{b1}+R_{b2}$。在等效二极管处于阻断状态时 R_{bb}、R_{b1}、R_{b2} 为定值,二极管导通时由于载流子的注入,电阻值会发生相应的变化。由单结晶体管组成的自激振荡电路及输出波形如图 2.10、图 2.11 所示,通过调节 R 可以改变振荡周期,R 不能太大,否则会停振。

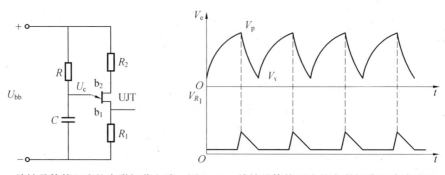

图 2.10 单结晶体管组成的自激振荡电路 　 图 2.11 单结晶体管组成的自激振荡电路波形图

由单结晶体管构成的单相调压电路如图 2.12 所示,由以下 3 部分组成。

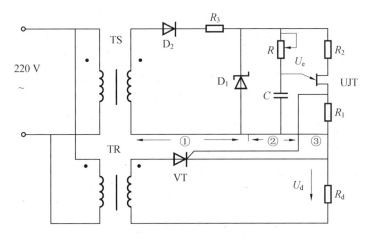

图 2.12 单结晶体管构成的单相调压电路

①同步电路:由 D_2、R_3、D_1 组成,构成梯形波同步电路。
②移相电路:由 R、C 构成,改变 RC 时间常数就可改变 α 角,一般通过改变 R 实现。
③触发脉冲形成及输出电路:由 R_1、R_2 和 UJT 构成。

R_1 太小,放电快,触发脉冲窄且幅度小,不利于触发晶闸管;R_1 太大,有可能出现在单结晶体管未导通时,流过单结晶体管 R_1 漏电流产生的"残压"太大,导致晶闸管误导通。各点工作波形如图 2.13 所示。

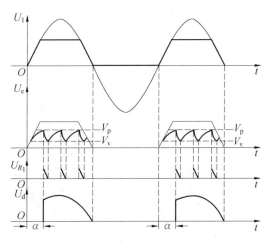

图 2.13 同步电压为梯形波的单结晶体管单相调压电路波形

2.1.4 全控型功率器件驱动技术

采用 SCR 构成的调速系统,存在谐波成分大、功率因数低等缺点,限制了其在电动机调速领域中的应用。采用全控型器件构成的系统,具有开关频率高、驱动简单等特点,正成为调速系统的主流。驱动部分的主要作用是将控制信号的功率放大,以驱动功率开关器件。功率开关器件的驱动电路是主电路与控制电路之间的接口,是电力电子装置的重要环节,对整个装置的性能有很大的影响。性能良好的驱动电路,可使功率开关器件工作在较理想的开关状态,缩短开关时间,减少开关损耗,对装置的运行效率、可靠性和安全性都具有重要的意义。

1. 常用驱动技术

为可靠驱动功率开关器件,目前已有很多成熟电路,可分为直接驱动和隔离驱动两种,其中,隔离元件有光电耦合器和脉冲变压器两种。

(1)不隔离的直接驱动器。

在 Boost、全波、正激和反激等小功率电路中,IC 输出的 PWM 信号一般不必与开关管隔离,可以直接驱动。如果需要较大的驱动能力,可加入一级放大器。

目前这类成品驱动器的种类很多,如 TI 公司的 UCC37XXX 系列、TOSHIBA 公司的 TPS28XX 系列、ONSEMI 公司的 MC3315X 系列、SHARP 公司的 PC9XX 系列以及 IR 公司的 IR21XX 系列等。

图 2.14 是不隔离直接驱动电路,LM393 为电压比较器,将直流量与锯齿波进行比较以产生 PWM 波驱动 IGBT 工作。由于 LM393 是 OC 门输出,所以需接上拉电阻 R_1。

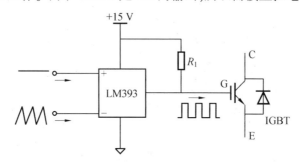

图 2.14 不隔离直接驱动电路

(2)由光耦构成的隔离驱动器。

隔离驱动产品绝大部分采用光耦来隔离,用于 IGBT 的驱动,由于 IGBT 具有电流拖尾效应,所以通常采用负压关断。

光耦的优点是体积小巧,缺点是反应较慢,具有较大的延迟时间(高速型光耦一般也大于 300 ns);光耦的输出级需要提供辅助电源。

目前常用的光耦型驱动器包括 FUJI 公司的 EXB8XX 系列、MITSUBISHI 公司的 M579XX 系列和 TOSHIBA 的 TLP 系列等。以 TLP 系列光耦为例,驱动 IGBT 模块的光耦一般采用 TLP250,外围再辅以驱动电源和限流电阻等就构成了最简单的驱动电路。而对于更大电流的模块,在设计驱动电路时,一般在光耦驱动电路后面增加放大电路,以达到可靠驱动 IGBT 模块的目的。

① IGBT/MOS 栅极驱动光电耦合器 TLP250。

TOSHIBA 公司生产的 TLP250 是由一个 GaAIAs 发光二极管和一个集成光电检测器组成的,这种装置是 DIP8 封装,1、4 脚为 NC 端,2、3 脚为输入端,8、5 脚为 V_{CC} 电源端,7、6 脚共电位为输出 V_O 端,可驱动 100 A/600 V 或 50 A/1 200 V IGBT 或功率 MOSFET。TLP250 的内部结构如图 2.15 所示,它内部集成了光耦器件、脉冲放大和整形电路、推挽放大等部分。其工作原理为:当光耦输入高电平信号时,脉冲放大和整形电路将该信号放大整形,使三极管 V_1 导通,向 IGBT 提供正驱动信号;当光耦输入低电平信号时,脉冲放大和整形电路将使三极管 V_1 关断、V_2 导通,向 IGBT 提供负的驱动信号。

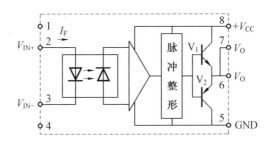

图 2.15　TLP250 内部结构

使用 TLP250 时必须在 8、5 之间并联一个 0.1 μF 旁路电容。当输入 I_F 有效时，输出 V_O 为高电平，以驱动 IGBT 导通。该驱动电路轻便、小巧、便宜，但不具备过电流、短路、过电压、欠电压、过热等保护功能，只适合用在一些经济型的电力变换装置中，其故障保护必须另行追加。由 TLP250 构成的两种基本的 IGBT 驱动电路如图 2.16 所示。

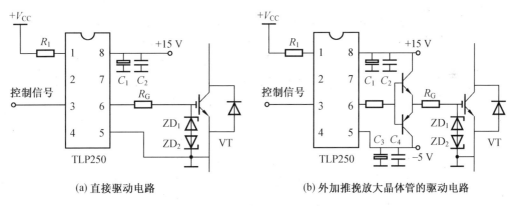

(a) 直接驱动电路　　　　　　　　　(b) 外加推挽放大晶体管的驱动电路

图 2.16　由 TLP250 构成的两种 IGBT 驱动电路

② HCPL-3120 驱动型光电耦合器。

光耦 HCPL-3120 由光电耦合器和功率输出电路组成，如图 2.17 所示，其主要特征是：8 引脚双列直插封装；驱动电路的最大输出电流峰值为 2.0 A；最大供电电流为 5 mA；电源电压范围为 15～30 V；最大开关速度为 0.5 μs；具有滞环欠压锁定输出(MVLO)功能。HCPL-3120 输出电路具有宽限工作电压范围，使其易于提供门控器件所需的驱动电压。它适于额定容量为 1 200 V/100 A 的 IGBT。对于更高容量的 IGBT，可外接功率放大器，以扩展其驱动能力。

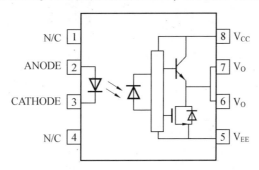

图 2.17　HCPL-3120 内部结构

2. 自举驱动技术

采用光电隔离和变压器隔离驱动方式时,其缺点是需要辅助电源。当驱动多个 IGBT 或 MOSFET 等功率器件时,会需要多个辅助电源,这就增加了系统成本。而采用自举驱动时,可有效地节省电源。

(1)以图 2.18 为例,介绍一下自行设计自举驱动电路,有助于读者对自举电路的理解。

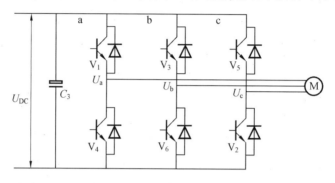

图 2.18 逆变电路

驱动电路的设计主要考虑上桥驱动电源的浮地问题。解决方法有两种:一是多电源驱动方式,其缺点是增加了电源数量,同时也增加了成本;二是采用自举技术,如图 2.19 所示。

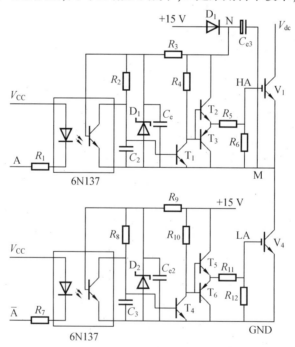

图 2.19 自举电路

当上管 V_1 关断、下管 V_4 导通时,N 点电位为+15 V,M 点为+15 V 电源地,若忽略二极管 D_1 的导通压降,则自举电容 C_{e3} 的电压为+15 V;而当上管 V_1 导通、下管 V_4 关断时,M 点的电压为 V_{dc},而 N 点电位由于自举电容 C_{e3} 电压不能瞬变,N 点瞬时电位为(V_{dc}+15) V,则自举二极管 D_1 承受反压关断,从而保护+15 V 电源。自举二极管需采用高耐压的快速恢复二极管,本

例中 D_1 采用 FR107(反向耐压 700 V,1 A)。

(2)IR2110 集成驱动器。

IR2110 是美国 IR 公司推出的一种双通道高压、高速电压型功率开关器件栅极驱动芯片,具有自举浮动电源,驱动电路简单,只用一路电源即可同时驱动上、下桥臂。该芯片体积小、集成度高、响应快、偏置电压高(<600 V)、驱动能力强、内设欠压封锁,而且成本低、易于调试,同时还设有外部保护封锁端口。

IR2110 芯片是一种单片式集成驱动模块,该芯片采用高度集成的电平转换技术,大大简化了逻辑电路对功率器件的控制要求,同时提高了驱动电路的可靠性。尤其是上管采用外部自举电容上电,使得驱动电源数目较其他 IC 大大减少。IR2110 驱动芯片的内部结构原理框图如图 2.20 所示,各引脚的功能见表 2.1。

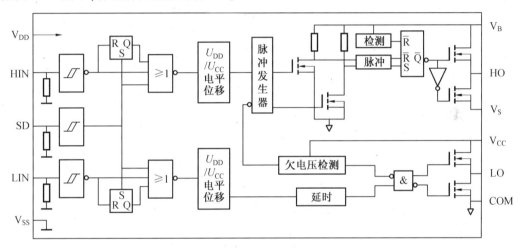

图 2.20　IR2110 内部结构原理图

IR2110 内部结构原理:芯片的两个通道相互独立,即上、下两个通道输出的驱动脉冲信号分别与上、下两个通道输入的脉冲信号相对应。当保护信号输入端 SD 为低电平时,通道未封锁,上、下两个通道输出端 HO、LO 的驱动脉冲电平分别跟随输入端 HIN 及 LIN 的变化。反之,当保护信号输入端 SD 为高电平时,通道被封锁,输出端 HO、LO 被置为低电平。

表 2.1　IR2110 各引脚的名称、符号及功能

引脚	符号	名称	功能或用法
1	LO	下通道驱动信号输出端	与桥臂下桥 MOSFET 的门极相连
2	COM	下通道驱动输出参考地	与 V_{SS} 和低端 MOSFET 的源极相连
3	V_{CC}	下通道输出级电源输入端	接用户提供的输出级电源正极,且通过一个电容接引脚 2
4	NC	空脚	
5	V_S	上通道驱动输出参考地	与高端 MOSFET 的源极相连
6	V_B	上通道输出级电源输入端	通过一个高反压块恢复二极管反向连接到 U_{CC},且通过一个电容连接到引脚 5
7	HO	上通道驱动信号输出端	与桥臂上桥 MOSFET 的门极相连

续表 2.1

引脚	符号	名称	功能或用法
8	NC	空脚	
9	V_{DD}	芯片输入级工作电源	可与 U_{CC} 使用同一电源,也可使用两个独立的电源
10	HIN	上通道脉冲信号输入端	接用户脉冲形成部分的上路输出
11	SD	保护信号输入端	SD 接高电平时驱动输出全部被封锁,接低电平时解除封锁。与用户故障(过电流、过电压)保护电路的输出端相连
12	LIN	下通道脉冲信号输入端	接用户脉冲形成部分的下路输出
13	V_{SS}	芯片工作参考地	接至供电电源的地
14	NC	空脚	

IR2110 的设计特点有:

① 芯片内部采用自举技术,实现同一集成电路可同时驱动逆变桥同一桥臂上、下两个 MOSFET 或 IGBT;

② IR2110 的功耗很小,可以减小驱动电源的容量,当其工作电压为 15 V 时,其功耗仅为 1.6 W;

③ IR2110 的设计合理,其输入级与输出级可以使用不同的电源,保证了输入与 CMOS 或 TTL 电平兼容,从而输出具有较宽的驱动电压范围;

④ IR2110 两路输出之间有一定互锁时间间隔,可防止同一桥臂的上、下两个 MOSFET 同时导通而产生直通短路的危险;

⑤ 芯片采用 CMOS 技术制造,输出级采用推挽结构,因而它的工作频率高,最高功能工作频率可达 1 MHz,并且驱动功率大,最大驱动电流可达 2 A。

IR2110 的典型应用电路如图 2.21 所示,其中 V_{DD} 采用 5～20 V 电源,适用于 TTL 或 CMOS 逻辑信号输入,V_{CC} 为 10～20 V 的门极驱动电源。由于 V_{SS} 可与 COM 连接,故 V_{CC} 与 V_{DD} 可共用同一个典型值为 +15 V 的电源。图 2.21 中,C_2 为自举电容,V_{CC} 经 VD_1、C_2、负载、VT_2 给 C_2 充电,以确保 VT_2 关闭、VT_1 开通时,VT_1 管的栅极靠 C_2 上足够的储能来驱动,从而实现自举式驱动。若负载阻抗较大,C_2 经负载降压而充电较慢,使得 VT_2 关断、VT_1 开通,C_2 上的电压充电达不到自举电压 8.3 V 以上时,输出驱动信号会因欠压而被片内逻辑封锁,VT_1 无法正常工作。为此,或者选用小容量电容,以提高充电电压;或者为 C_2 提供快速充电通路;或者去掉 VD_1,直接给 V_B、V_S 加另一个 10～20 V 隔离电源。对于全桥型逆变器,由于 A、B 两端连在一起,无须经过负载充电,因此,这种形式的自举工作仅是 C_2 选择问题,比较易于处理。显然,每个周期 VT_1 开关一次,C_2 就通过 VT_2 开关充电一次,因此,自举电容 C_2 的充电还与输入信号 HIN、LIN 的 PWM 脉冲频率和脉冲宽度有关,当 PWM 工作频率过低时,若 VT_1 导通的脉宽较窄,自举电压 8.3 V 就容易满足;反之将无法实现自举。因此,要合理设置 PWM 开关频率和占空比调节范围,C_2 的容量选择应考虑以下几点:①PWM 开关频率较高时,C_2 应选得较小;②尽量使自举上电回路不经大阻抗负载,否则应为 C_2 充电提供快速充电通路;③对于占空比调节较大的场合,特别是在高占空比时,由于 VT_2 的开通时间较短,C_2 应选得较小,否则,在有限时间内将无法达到自举电压;④C_2 的选择应综合考虑 PWM 变化的各种情况,监测 HO、V_S 脚波形进行调试是最好的方法。

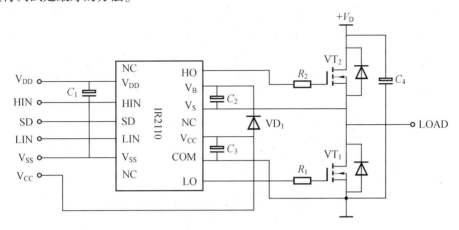

图 2.21　IR2110 典型应用电路

2.2　电机控制中常用传感器

在对电动机的控制中,控制系统可分为开环控制系统和闭环控制系统两类。开环控制系统比较简单,能够满足一般的控制要求,闭环控制系统则用于有精度要求的控制。在电机控制系统中,这些精度要求包括:电动机本身的运动精度要求,如角度和转速;执行机构的运动精度要求,如线位移和角位移;电机控制精度的要求,如电流、电压。要实现对这些物理量的精确控制,就必须通过高精度的传感器对这些物理量进行检测,将检测的结果转换成数字量,反馈给所用芯片。通过芯片对这些数据进行处理,处理结果作为控制量对电动机进行控制,从而实现闭环控制。所以,传感器加上反馈环节是开环和闭环系统的主要区别。本节将介绍在电机控制中常用的位置传感器,速度传感器,电压、电流传感器的工作原理及其应用。

2.2.1　位置传感器

1. 码盘式传感器

光电编码盘角度检测传感器是一种应用广泛的编码式数字传感器,它将测得的角位移转换为脉冲形式的数字信号输出。光电编码盘角度检测传感器可分两种:绝对式光电编码盘和增量式光电编码盘。

(1)绝对式光电编码盘。

① 工作原理。

绝对式光电编码器由光电编码盘和光电检测装置组成。码盘采用腐蚀,在一块圆形光学玻璃上刻出透光与不透光的编码。图 2.22 给出了一种 4 位二进制绝对式光电编码盘的例子。图 2.22(a)是它的编码盘,图中黑色代表不透光,白色代表透光。编码盘分成若干个扇区,代表若干个角位置。每个扇区分成 4 条,代表 4 位二进制编码。为了保证低位码的精度,都把最外码道作为编码的低位,而将最内码道作为编码的高位。因为 4 位二进制最多可表示 16,所以图中所示的扇区数为 16。

图 2.22(b)是该编码盘的光电检测原理图。光源位于编码盘的一侧,4 只光敏三极管位

于另一侧,沿编码盘的径向排列,每只光敏三极管都对着一条码道。当码道透光时,该光敏三极管接收到光信号,由图中的电路可知,它输出低电平0;当码道不透光时,光敏三极管收不到光信号,因而输出高电平1。例如,编码盘转到图2.22(a)中的第五扇区,从内向外4条码道的透光状态依次为:透光、不透光、透光、不透光,所以4个光敏三极管的输出从高位到低位依次为:0101。它是二进制的5,此时代表角位置——第5扇区,所以,不管转动机构怎样转动都可以通过随转动机构转动的编码盘来获得转动机构所在的确切位置。因为所测得的角位置是绝对位置,所以称这样的编码盘为绝对式编码盘。

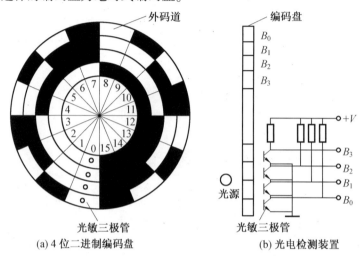

图2.22 绝对式光电编码盘结构与原理图

② 提高分辨率的措施。

编码盘所能分辨的旋转角度称为编码盘分辨α,由下式给出

$$\alpha = \frac{360°}{2^n} \tag{2.15}$$

式中 n——二进制的位数。

如图2.22中的编码是4位,即$n=4$,根据式(2.15)可知,$\alpha=22.5°$;如果编码盘是5位,则$\alpha=11.25°$。由此可见,编码盘的位数越多,码道数越多,扇区数也越多,能分辨的角度越小,分辨率就越高。

(2)增量式光电编码盘。

① 工作原理。

增量式光电编码盘不像绝对式光电编码盘那样测量转动体的绝对位置,而是测量转动体角位移的累计量。

增量式光电编码盘是在一个码盘上只开出3条码道由内向外分别为A、B、C,如图2.23(a)所示。在A、B码道的码盘上,等距离地开有透光的缝隙,两条码道上相邻的缝隙互相错开半个缝宽,其展开图如图2.23(b)上图所示。第3条码道C只开出一个缝隙,用来表示码盘的零位。在码盘的两侧分别安装光源和光敏元件,当码盘转动时,光源经过透光和不透光区域,相应地,每条码道将有一系列脉冲从光敏元件输出。码道上有多少缝隙,就会有多少个脉冲输出。将这些脉冲整形后,输出的脉冲信号如图2.23(b)下图所示。

② 编码盘方向的辨别。

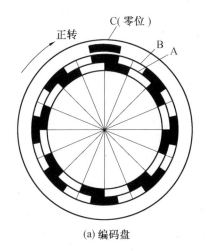 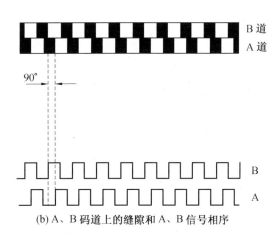

(a) 编码盘　　　　　　　　　(b) A、B 码道上的缝隙和 A、B 信号相序

图 2.23　增量式光电编码盘原理图

编码盘方向的辨别可以采用图 2.24 所示电路,该电路的原理为:经过放大整形,A、B 两相脉冲分别输入到 D 触发器的 D 端和 CP 端,如图 2.24(a)所示,因此,D 触发器的 CP 端在 A 脉冲的上升沿触发。由于 A、B 脉冲相位相差 σ,当正转时,A 脉冲超前 B 脉冲 σ,触发器是在 A 脉冲处于上升沿时触发,如图 2.24(b)所示,这时 Q=1,表示正转;当反转时,B 脉冲超前 A 脉冲 σ,触发器总是在 B 处于上升沿时触发,这时 Q=0,表示反转。

A、B 脉冲的另一路经异或门后,输出计数脉冲。这样,用 Q 或 $\overline{Q}$ 控制可逆计数器是加计数还是减计数,就可以使用可逆计数器对计数脉冲进行计数。

C 相脉冲接到计数器的复位端,实现每转动一圈复位一次计数器。这样,无论是正转还是反转,计数值每次反映的都是相对于上次角度的增量,形成增量编码。

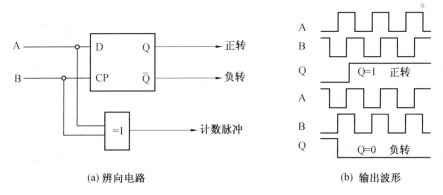

(a) 辨向电路　　　　　　　　　(b) 输出波形

图 2.24　增量式光电编码盘辨向电路和输出波形

(3) 光电编码器接口举例。

如图 2.25 所示,由光电编码器输出的电动机转子位置差分信号经过 DS3486 反差分芯片处理后输出位置信号 Z1、A1、B1,经过光耦 6N137 进行光电隔离,然后通过同相器 74HC07 后输出可被 DSP 接收的位置信号 Z3、A3、B3。其中 A3、B3 信号接到 DSP 的 QEP3 和 QEP4 引脚,Z3 信号接到 CAP6 引脚。

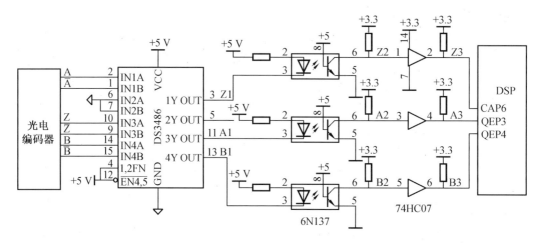

图 2.25　光电编码器接口电路

2. 霍尔式位置传感器

霍尔式位置传感器是利用"霍尔效应"进行工作的,下面介绍一下"霍尔效应"。

在长方形半导体薄片上通入电流 I,电流方向如图 2.26 所示,当在垂直于薄片的方向上施加磁感应强度 B 时,与 B 和 I 所构成的平面相垂直的方向上会产生一个电动势 E,称其为霍尔电动势,其大小为

$$E = K_H IB \tag{2.16}$$

式中　K_H——灵敏度系数;

　　　I——控制电流。

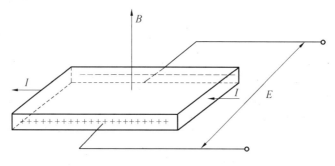

图 2.26　霍尔效应

当磁场强度方向与半导体薄片不垂直,而是成 θ 角时,霍尔电动势的大小变为

$$E = K_H IB \cos\theta \tag{2.17}$$

所以利用永磁转子的磁场,对霍尔应变片通入直流电,当转子的磁场强度大小和方向随着它位置不同而发生变化时,霍尔应变片就会输出霍尔电动势,霍尔电动势的大小和相位随转子位置而发生变化,从而起到检测转子位置的作用。

常用开关型霍尔集成电路作为传感元件,它的外形像一只普通晶体管。霍尔式位置传感器由于结构简单、性能可靠、成本低,因此是目前电动机应用最多的一种位置传感器。

2.2.2　速度传感器

这里只介绍光电式转速传感器、霍尔式转速传感器和直流测速发电机 3 种速度传感器。

1. 光电式转速传感器

光电式转速传感器分为直射式光电转速传感器和反射式光电转速传感器两种。

(1) 直射式光电转速传感器。

直射式光电转速传感器的结构如图 2.27 所示,由开孔圆盘、输入轴、光源、光敏元件及缝隙板等组成。开孔圆盘的输入轴与被测轴相连接,光源发出的光通过开孔圆盘和缝隙板照射到光敏元件上被光敏元件所接收,将光信号转换成电信号。开孔圆盘上有许多小孔,开孔圆盘旋转一周,光敏元件输出电脉冲的个数等于圆盘的开孔数,因此通过测量光敏元件输出的脉冲频率可得被测转速,即

$$n = f/N \tag{2.18}$$

式中 n——转速;
f——脉冲频率;
N——圆盘开孔数。

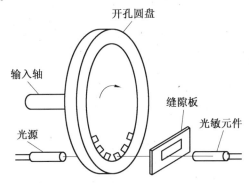

图 2.27 直射式光电转速传感器的结构

(2) 反射式光电转速传感器。

反射式光电转速传感器结构如图 2.28 所示,它由红外发射管、红外接收管半透镜、反射纸和被测旋转体构成。红外发射管由直流电源供电,工作电流为 20 mA,可发射出红外光。半透镜既能使发射的红外光射向转动的物体,又能使从转动物体反射回来的红外光穿过半透镜射向红外接收管。测量转速时需要在被测物体上粘贴一小块红外反射纸,这种纸具有定向反射作用。

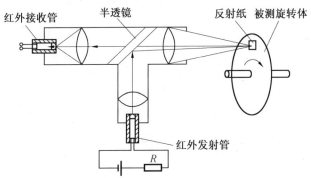

图 2.28 反射式光电转速传感器结构

当被测物体旋转时,粘贴在物体上的反射纸和物体一直旋转,红外接收管则随感受到反射光的强弱而产生相应变化的电信号,该信号经电路处理后便可以输出到芯片中去,经过芯片处理得到被测对象转速大小。

2. 霍尔式转速传感器

如图 2.29 所示,霍尔式转速传感器是由霍尔传感器、输入轴、永久磁铁和磁性转盘组成的,霍尔式转速传感器广泛应用于转速的监视与测量。将磁性转盘的输入轴与被测转轴相连,当被测转轴转动时,固定在磁性转盘附近的霍尔开关集成传感器便可在每一个磁极通过时产生一个相应的脉冲,由此可知被测对象的转速。磁性转盘磁极的多少,将决定传感器的分辨率。

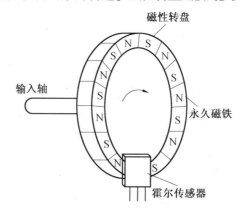

图 2.29 霍尔式转速传感器结构

3. 直流测速发电机

直流测速发电机是一种模拟测速装置,能产生和电动机转速成比例的电压信号,因此,目前直流测速发电机仍是速度伺服控制系统中的主要反馈装置。

(1)直流测速发电机的工作原理。

直流测速发电机的工作原理是基于电磁感应定律:在磁场中运动的导体(线圈)切割磁力线,因此在导体(线圈)中产生感应电动势,如图 2.30 所示,当线圈在磁场中转动时,线圈的有效边 ab 和 cd 轮流交替地切割 N 极和 S 极下的磁力线,因而线圈产生的电动势是交变的,线圈每转一圈,电动势交变一次。但是因为电刷 A、B 是固定不动的,电刷 A 始终与处在 N 极下的导体接触,电刷 B 始终与处在 S 极下的导体接触,因而使输出的电动势 E 的极性不变。

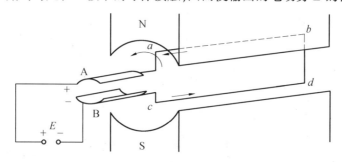

图 2.30 直流测速发电机原理图

虽然线圈感应电动势极性不变,但随着线圈在空间所处的位置不同,产生的感应电动势的大小也不同,因此单匝线圈输出的感应电动势波形是脉动的,如图 2.31(a)所示。但是,转子上均匀分布了许多线圈,这些线圈产生的感应电动势波形相同,只是存在相位差。它们的感应电动势叠加后就形成如图 2.31(b)所示的近似直流的输出。

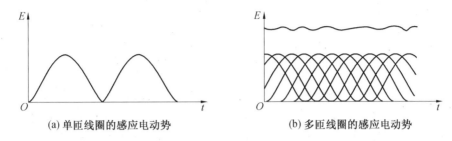

(a) 单匝线圈的感应电动势　　　　(b) 多匝线圈的感应电动势

图 2.31　直流测速发电机的感应电动势

(2)直流测速发电机的输出特性。

由电磁理论可以推导出直流测速发电机的感应电动势 E 与转速 n 的关系为

$$E = C_e n \Phi \tag{2.19}$$

式中　C_e——发电机结构有关的常数；

　　　Φ——磁通。

C_e 与 Φ 都是发电机常数,由上式可见感应电动势与转速呈线性关系。

测速发电机工作时要接负载电阻,负载电阻 R 的端电压 U 才是要得到的输出电压。根据图 2.32(a)可得,端电压等于感应电动势减去在它的内阻 r(发电机绕组回路电阻)上的压降,即

$$U = E - \frac{U}{R} r \tag{2.20}$$

将式(2.19)代入,整理

$$U = \frac{C_e \Phi}{1 + \frac{r}{R}} n \tag{2.21}$$

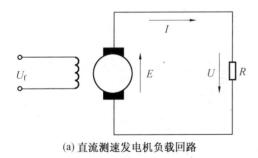

(a) 直流测速发电机负载回路　　　　(b) 理想的输出特性

图 2.32　直流测速发电机的负载回路与理想的输出特性

式(2.21)就是测速发电机的输出电压与转速的关系式,如果式中的 Φ、r、R 都能保持常数,则 U 与 n 呈线性关系,图 2.32(b)是理想的输出特性。

(3)直流测速发电机与芯片的接口。

直流测速发电机的输出是一个模拟量,当它与单片机接口时,必须经过 A/D 转换。现在有许多芯片内部集成了 A/D 转换器,它们大多具有 8~12 位的转换精度。因此,一般都能满足需要的转换精度,没有必要再外接 A/D 转换器。

2.2.3 电压、电流传感器

1. 互感器

在供用电线路中,电流大小相差不等,为便于芯片输入,需要转换为比较统一的电流,另外供用电线路上的电压都比较高,不能直接接入芯片接口,为此设计的电流互感器就起到变流和电气隔离的作用。

指针式电流显示仪表大部分是安培级,所以,电流互感器的二次电流大多数是安培级的(如5 A等),而计算机的采样信号一般为毫安级(0～5 V、4～20 mA等)。为此,需要采用微型电流互感器(二次电流为毫安级)作为电流互感器与计算机采样信号间的桥梁,进行电流的二次变换。

电流互感器工作原理与变压器基本相同,如图2.33所示,由一次线圈、二次线圈、铁芯及出线端子等组成。电流互感器的铁芯由硅钢片叠制而成,其一次线圈与主电路串联,且通过被测电流I_1,它在铁芯内产生交变磁通,使二次线圈感应出相应的二次电流I_2。如将励磁损耗忽略不计,则$I_1 N_1 = I_2 N_2$,其中N_1和N_2分别为一、二次线圈的匝数。电流互感器的变流比$K = I_1/I_2 = N_2/N_1$。由于电流互感器的一次线圈连接在主电路中,所以一次线圈对地必须采取与一次线路电压相适应的绝缘材料,以确保二次回路的安全。二次回路由电流互感器的二次线圈、负荷串联组成。

常用的一种电流互感器称为穿心式电流互感器,如图2.34所示,其本身结构不设一次绕组,载流(负荷电流)导线由L_1至L_2穿过铁芯起一次绕组作用。二次绕组直接均匀地缠绕在圆形铁芯上,与电流线圈的二次负荷(合适的测量电阻)R串联形成闭合回路转换成合适的电压信号,便可输入到芯片接口中进行处理。

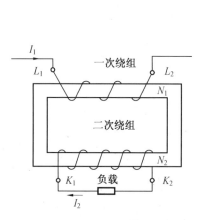

图2.33 普通电流互感器结构原理图

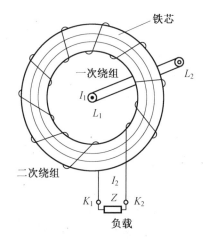

图2.34 穿心式电流互感器原理图

2. 霍尔电流、电压传感器

霍尔电流传感器是利用霍尔效应制成检测电流的装置。其突出特点是能快速测量各种波形的交直流电流,且输入输出是隔离的,因此在控制领域得到了广泛的应用。

霍尔电流传感器的原理:霍尔元件是将磁场转换成电信号的线性磁敏元件,由式(2.16)可知,霍尔电压E与磁通密度B呈线性关系。在这里磁通密度可利用被测导线通过集磁部分(如导磁体磁环)后获得。根据安培定律,电流与磁通密度的关系为

$$B = \frac{\mu_0 \mu_r}{2\pi R} N I_C \tag{2.22}$$

式中 B、μ_0、μ_r——离通电导体的垂直距离 R 处的磁通密度、真空磁导率与相对磁导率；

I_C、N——通电导体的电流及匝数；

R——通电导体的空间垂直距离。

可得

$$E = N I I_C \mu_0 \mu_r K_H / 2\pi R \tag{2.23}$$

由式（2.23）可知，霍尔元件的输出电压 E 是与通电导体的电流 I 成正比的，因此只要将激磁部分与霍尔元件结合在一起就成为测量电流的传感头，由此构成霍尔电流传感器。

霍尔效应电压传感器的工作原理与霍尔效应电流传感器类似，所不同的是电流传感器被测电流的导体匝数很少，电压传感器的匝数相对较多一些。

2.3 电机控制中的 PID 控制

PID 是 Proportional（比例）、Integral（积分）、Differential（微分）三者的缩写，是应用最广泛的一种控制方式。PID 控制技术成熟，控制结构简单，参数容易调整，不必求出被控对象的数学模型便可以调节，因此也被广泛地应用于电机控制领域中。

2.3.1 模拟 PID 控制原理

在模拟控制系统中，控制器最常用的控制规律是 PID 控制。控制器通过硬件电路实现其控制功能。过程控制方式就是将被测参数，如温度、压力、流量、成分、液位等，由传感器变换成统一的标准信号送入调节器。在调节器中，与给定值进行比较，然后把比较出的差值经 PID 运算后送到执行机构，改变进给量，以达到自动调节的目的。常规 PID 控制系统由模拟 PID 控制器和被控对象组成，原理框图如图 2.35 所示。

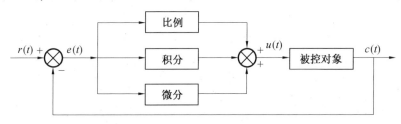

图 2.35　PID 控制系统的原理框图

PID 控制器是一种线性控制器，它根据给定值 $r(t)$ 与实际输出值 $c(t)$ 形成的控制偏差

$$e(t) = r(t) - c(t) \tag{2.24}$$

经偏差的比例（P）、积分（I）和微分（D）通过线性组合构成控制量，对被控对象进行控制。其控制规律为

$$u(t) = K_P \left[e(t) + \frac{1}{T_I} \int_0^t e(t) \mathrm{d}t + T_D \frac{\mathrm{d}e}{\mathrm{d}(t)} \right] + u_0 \tag{2.25}$$

式中 K_P——比例系数；

T_I——积分时间常数；

T_D——微分时间常数。

简单说来,PID 控制器各校正环节的作用如下:

(1) 比例调节作用。按比例反映系统的偏差,系统一旦出现了偏差,比例调节立即产生调节作用,以减少偏差。比例作用大,可以加快调节,减少误差,但是过大的比例会使系统的稳定性下降,甚至造成系统的不稳定。

(2) 积分调节作用。使系统消除稳态误差,提高无差度。因为有误差,积分调节就进行,直至无差,积分调节停止,输出一常值。积分作用的强弱取决于积分时间常数 T_I,T_I 越小,积分作用就越强;反之,T_I 大则积分作用弱,加入积分调节可使系统稳定性下降,动态响应变慢。积分作用常与另两种调节规律结合,组成 PI 调节器或 PID 调节器。

(3) 微分调节作用。微分作用反映系统偏差信号的变化率,具有预见性,能预见偏差变化的趋势,因此能产生超前的控制作用,使偏差在形成之前就可以被微分调节作用消除。因此,微分调节作用可以改善系统的动态性能。在微分时间选择合适的情况下,可以减少超调,减少调节时间。微分作用对噪声干扰有放大作用,因此微分调节作用过强,对系统抗干扰不利。此外,微分反映的是变化率,当输入没有变化时,微分作用输出为零。微分作用不能单独使用,需要与另外两种调节规律相结合,组成 PD 或 PID 控制器。

2.3.2 数字 PID 控制算法

PID 调节是连续系统中技术成熟的一种调节方式,将其移植到微机控制系统中,将原来硬件实现的功能用软件来代替,同样可以获得满意的控制效果,此时的控制算法称为数字 PID 算法。数字 PID 控制算法通常又分为位置式 PID 控制算法和增量式 PID 控制算法。

1. 位置式 PID 控制算法

由于计算机控制是一种采样控制,它只能根据采样时刻的偏差来计算控制量。因此,在计算机控制系统中,必须首先对式(2.25)进行离散化处理,用数字形式的差分方程代替连续系统的微分方程,此时积分项和微分项可分别用求和及增量表示:

$$\int_0^n e(t) = \sum_{i=1}^n e(i)\Delta t = T\sum_{i=1}^n e(i) \tag{2.26}$$

$$\frac{de(t)}{dt} \approx \frac{e(k)-e(k-1)}{\Delta t} = \frac{e(k)-e(k-1)}{T} \tag{2.27}$$

将式(2.26)和式(2.27)代入式(2.25),可得到离散的 PID 表达式:

$$u(k) = K_P\left\{e(k) + \frac{T}{T_I}\sum_{j=0}^k e(j) + \frac{T_D}{T}[e(k)-e(k-1)]\right\} + u_0 \tag{2.28}$$

式中 Δt——采样周期,$\Delta t = T$,必须使 T 足够小,才能保证系统具有一定的精度;

$e(k)$——第 k 次采样时的偏差值;

$e(k-1)$——第 $(k-1)$ 次采样时的偏差值;

k——采样序号,$k = 0,1,2,\cdots$;

$u(k)$——第 k 次采样时调节器的输出。

式(2.28)是数字 PID 算法的非递推形式,称全量算法。算法中,为了求和,必须将系统偏差的全部过去值 $e(j)(j=1,2,3,\cdots,k)$ 都存储起来。这种算法得出控制量的全量输出 $u(k)$ 是控制量的绝对数值。在控制系统中,这种控制量确定了执行机构的位置,例如在阀门控制中,这种算法的输出对应阀门的位置(开度)。所以,通常把式(2.28)称为位置型 PID 的位置控制算式,将这种算法称为"位置算法"。

2. 增量式 PID 控制算法

在很多控制系统中,当执行机构需要的不是控制量的绝对值,而是控制量的增量(例如驱动步进电动机)时,给一个增量信号即可,因此通常采用增量式 PID 算法。

由式(2.28)可以看出,要想计算 $u(k)$,不仅需要本次与上次的偏差信号 $e(k)$ 和 $e(k-1)$,而且要在积分项中把历次的偏差信号 $e(j)$ 相加,即 $\sum_{j=0}^{k} e(j)$。此种算法不仅计算烦琐,而且保存 $e(j)$ 还要占用很多内存,因此,用式(2.28)进行控制很不方便,故可做如下改动。

根据递推原理,由式(2.28)写出第 $(k-1)$ 次的 PID 输出表达式:

$$u(k-1) = K_P \left\{ e(k-1) + \frac{T}{T_I} \sum_{j=0}^{k-1} e(j) + \frac{T_D}{T} [e(k-1) - e(k-2)] \right\} + u_0 \quad (2.29)$$

将式(2.28)与式(2.29)两式相减,可得

$$\Delta u(k) = u(k) - u(k-1) = K_P[e(k) - e(k-1)] + K_I e(k) + K_D[e(k) - 2e(k-1) + e(k-2)] \quad (2.30)$$

式中 K_I——积分系数,$K_I = K_P \dfrac{T}{T_I}$;

K_D——微分系数,$K_D = K_P \dfrac{T_D}{T}$。

式(2.30)表示第 k 次输出的增量 $\Delta u(k)$ 等于第 k 次与第 $k-1$ 次调节器输出的差值,即在第 $(k-1)$ 次基础上的增加(或减少)量,所以式(2.30)称为增量式 PID 控制算法。由式(2.30)可知,要计算第 k 次输出值 $u(k)$,只需知道 $u(k-1)$、$e(k)$、$e(k-1)$ 和 $e(k-2)$ 即可,比用式(2.28)计算要简单得多。用计算机实现位置式和增量式控制算法的原理框图如图 2.36 所示。

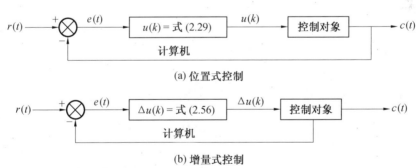

图 2.36 两种 PID 控制原理框图

在位置式控制算式中,不仅需要对 $e(j)$ 进行累加,而且计算机的任何故障都会引起 $u(k)$ 的大幅度变化,对生产不利。

增量式 PID 算法与位置式 PID 算法相比,具有如下优点:

(1) 位置式 PID 算法是全量输出,每次输出与整个过去状态有关,算式中含有所有过去偏差的累加值 $\sum_{j=0}^{k} e(jT)$,容易产生较大的积累误差;而增量式 PID 算法只需计算增量,计算误差

对控制量的影响较小。对于增量式 PID 控制,由于计算机只输出控制增量 $\Delta u(k)$,对应于执行机构位置的变化部分,因此,当计算机误动作时,对系统的影响小。

(2)在位置式控制算法中,由手动到自动切换时,必须首先使计算机的输出值等于阀门的原始开度,即 $u(k-1)$,才能保证手动到自动无扰动切换,这将给程序设计带来困难。而增量设计只与本次的偏差值有关,与阀门原来的位置无关,因而增量算法易于实现手动/自动无扰动切换。

(3)不产生积分失控,容易获得较好的调节品质。

增量式 PID 控制因其特有的优点已得到了广泛的应用。但是,这种控制也有其不足之处,即积分截断效应大,有静态误差,并对溢出的影响大。因此,应该根据被控对象的实际情况加以选择。一般认为,在以晶闸管或伺服电动机作为执行器件,或对控制精度要求较高的系统中,应当采用位置式 PID 算法,而在以步进电动机或多圈电位器作为执行器件的系统中,则应采用增量式算法。

3. 数字式 PID 控制算法子程序

在电子数字计算机直接数字控制系统中,PID 控制器是通过计算机 PID 控制算法程序实现的。计算机直接数字控制系统大多数是采样数据控制系统。进入计算机的连续时间信号,必须经过采样和量化后变成数字量,方能进入计算机的存储器和寄存器,而在数字计算机中的计算和处理,不论是积分还是微分,只能用数值计算去逼近。

用汇编语言进行 PID 程序设计有两种运算方法:定点运算和浮点运算。定点运算速度比较快,但精度低;浮点运算精度高,但运算速度比较慢。因此需结合被控对象的特性及系统的控制要求来进行运算方法的选择。一般情况下,当速度要求不高时,可采用浮点运算;如果系统要求速度比较快,则需采用定点运算的方法。但由于大多数被控对象的变化速度与计算机工作速度相比差异甚远,所以用浮点运算一般都可以满足要求。

(1)增量式 PID 控制算法子程序。

增量式 PID 控制算法子程序是根据式(2.30)设计的。

由
$$\Delta u(k) = K_P[e(k)-e(k-1)] + K_I e(k) + K_D[e(k)-2e(k-1)+e(k-2)]$$

设
$$\Delta u_P(k) = K_P[e(k)-e(k-1)]$$
$$\Delta u_I(k) = K_I e(k)$$
$$\Delta u_D(k) = K_D[e(k)-2e(k-1)+e(k-2)]$$

所以,有
$$\Delta u(k) = \Delta u_P(k) + \Delta u_I(k) + \Delta u_D(k) \tag{2.31}$$

式(2.31)为离散化的增量型 PID 编程表达式。增量型 PID 运算子程序流程图如图 2.37 所示。

(2)位置型 PID 控制算法子程序。

由式(2.28)可写出第 k 次采样时 PID 的输出表达式为
$$u(k) = K_P e(k) + K_I \sum_{j=0}^{k} e(j) + K_D[e(k)-e(k-1)] \tag{2.32}$$

其中,K_I 和 K_D 与式(2.30)中相同。

为方便程序设计,将式(2.32)做如下改进,设比例项的输出为
$$u_P(k) = K_P e(k)$$
积分项输出为
$$P_I(k) = K_I \sum_{j=0}^{k} e(j) = K_I e(k) + K_I \sum_{j=0}^{k-1} e(j) = K_I e(k) + P_I(k-1)$$
微分项输出为
$$P_D(k) = K_D [e(k) - e(k-1)]$$
所以,式(2.32)可写为
$$P(k) = P_P(k) + P_I(k) + P_D(k) \tag{2.33}$$
式(2.33)即为离散化的位置型 PID 编程公式,其流程如图 2.38 所示。

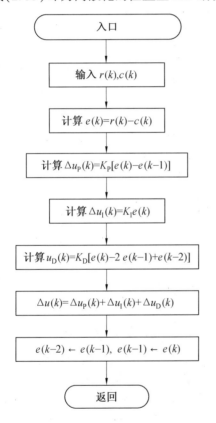
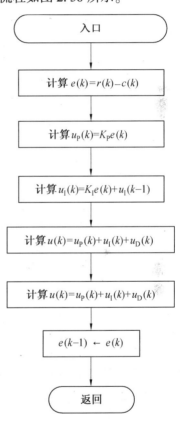

图 2.37　增量型 PID 子程序流程图　　　图 2.38　位置型 PID 子程序流程图

习　题

1. 驱动电路加入反压关断的原因?
2. 死区时间通常设置为多少?
3. 自举驱动的工作原理?
4. PWM 技术从控制思想上可分为哪几类?
5. 如何将 PWM、SVPWM、SPWM、VVVF、PID、模糊控制、死区等概念分类?试说明分类原

则。

6. 说明如何提高逆变器输出电压的利用率。

7. 什么是规则采样法？什么是对称规则采样法和不对称规则采样法？请绘图说明。

8. 如何计算一个载波周期内的开通时间 T_{on}？分别采用对称规则采样法和不对称规则采样法进行计算。

9. 说明数字控制中，何谓位置式控制算法和增量式控制算法。

10. 绘图说明霍尔式传感器的工作机理。

11. 绘图说明增量式和绝对式光电编码盘的工作机理。

第 3 章 直流电动机控制

3.1 直流电动机的调速

直流电动机具有良好的启、制动性能,适于在较大范围内平滑调速。直流电动机调速在电机控制理论和实践上都比较成熟,是目前流行的交流调速系统的基础;同时,由晶闸管-直流电动机(V-M)组成的直流调速系统,是目前应用广泛的一种电气传动系统。本章针对电机控制的基本概念,对直流电动机控制的原理和控制方法进行介绍,为后续章节的学习奠定基础。

3.1.1 调速的定义

所谓调速,是指在某一具体负载下,通过改变电源参数,使机械特性曲线得以改变,从而使电动机转速发生变化或保持不变。调速包含两方面含义:一是在一定转速范围内"变速",如图 3.1 所示,恒定负载为 T_1 时,转速由 n_a 变到 n_c 或 n_b;二是保持"稳速",在某一转速下运行的生产机械受到外界干扰,如负载增加,为保证电动机转速不受电源或负载变化的影响而下降,需进行调速,使调节后的转速接近或等于原来转速,如图 3.1 中 n_d 即为负载由 T_1 增至 T_2 后的转速,与 n_a 基本保持一致。

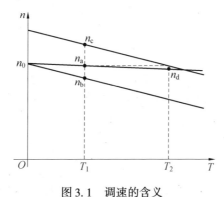

图 3.1 调速的含义

3.1.2 直流电动机的调速方法

由图 3.2 可知,直流电动机稳态运行时的电压方程为

$$U_a = E_a + I_a R_\Sigma \tag{3.1}$$

式中　U_a——电枢电压,V;
　　　E_a——电枢绕组的感应电动势,V;

I_a——电枢电流,A;
R_Σ——电枢回路电阻,Ω。

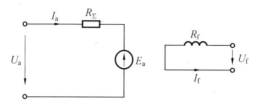

图 3.2 直流电动机稳态电路图

直流电动机电枢绕组的感应电动势为

$$E_a = C_e n \Phi \tag{3.2}$$

式中 C_e——电动机结构所决定的电动势常数;
n——电动机转速,r/min;
Φ——励磁磁通,Wb。

由式(3.1)、式(3.2),可以得出直流电动机转速的表达式为

$$n = \frac{U_a - R_\Sigma I_a}{C_e \Phi} \tag{3.3}$$

由式(3.3)可知,直流电动机有 3 种调速方法,即
(1)改变电枢电压 U_a;
(2)改变励磁磁通 Φ;
(3)改变电枢回路电阻 R_Σ。
3 种调速方法的机械特性如图 3.3 所示。

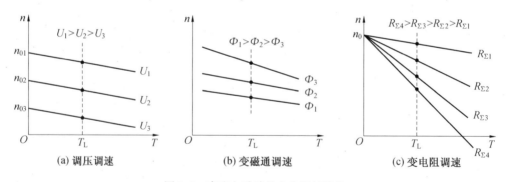

图 3.3 直流电动机的人为机械特性

图 3.3(a)为改变电枢电压 U_a 时的机械特性。采用此方法,一般在额定转速以下调速,最低转速取决于电动机低速时的稳定性。该方法具有调速范围宽、机械特性硬和动态性能好的特点。在连续改变电枢电压时,能实现无级调速,是直流电动机的主要调速方法。

直流电动机在额定磁通下运行时,磁路已接近饱和,若降低励磁回路的供电电压(电流),则可实现弱磁升速,特性曲线如图 3.3(b)所示。采用此种方法,一般以额定转速为最低转速,最高转速受电动机换向条件和电枢机械强度的限制,所以调速范围较小,需与调压调速相结合,以扩大调速范围。

改变电枢回路电阻,即在电枢回路串接不同阻值的附加电阻,可以改变转速,如图 3.3(c)

所示,外接电阻越大,电阻功耗越大,特性越软,稳定性越差,属有级调速。此方法在实际中很少采用。

3.1.3 调速指标

对于不同的生产机械,要求电气控制系统具有不同的调速性能指标,可概括为静态和动态性能指标。

1. 静态性能指标

(1) 调速范围 D。

电动机在额定负载下,运行的最高转速 n_{max} 与最低转速 n_{min} 之比称为调速范围,用 D 表示,即

$$D = \frac{n_{max}}{n_{min}} \tag{3.4}$$

注意:对于非弱磁的调速系统,电动机的最高转速 n_{max} 即为额定转速 n_N。

(2) 静差率 s。

静差率 s 是指电动机在稳定运行时,当负载由理想空载增至额定负载时对应的转速降落 Δn_N 与理想空载转速 n_0 之比,用百分数表示为

$$s = \frac{\Delta n_N}{n_0} \times 100\% = \frac{n_0 - n_N}{n_0} \times 100\% \tag{3.5}$$

静差率 s 反映了电动机转速受负载变化的影响程度,它与机械特性有关,特性越硬,静差率越小,转速的稳定性越好。但并非机械特性硬度(Δn_N)一致,静差率就相同,它还与理想空载转速有关。如图 3.4 所示,A 点静差率为 1%,B 点静差率为 10%,那么能满足最低转速时的静差率,其他转速时也必然能满足,所以,静差率通常用最低转速 n_{min} 时的值表示。

(3) 调速范围 D 与静差率 s 的关系。

在调速系统中额定转速为最高转速,即 $n_{max} = n_N$。静差率为最低转速时的静差率,则

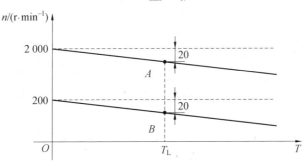

图 3.4 不同转速下的静差率

最低转速

$$n_{min} = n_{0min} - \Delta n_N = \frac{\Delta n_N}{s} - \Delta n_N = \frac{(1-s) \Delta n_N}{s} \tag{3.6}$$

则调速范围 D 与静差率 s 满足下列关系式:

$$D = \frac{n_{max}}{n_{min}} = \frac{n_N s}{(1-s) \Delta n_N} \tag{3.7}$$

由上式可知,当一个调速系统的机械特性硬度(Δn_N)一定时,对静差率要求越高,即静差率越小,允许的调速范围也越小。

【例】 直流电动机调速系统额定转速 $n_N = 1\,500$ r/min,额定速降 $\Delta n_N = 120$ r/min。

(1)要求 $s \leq 0.2$,此时允许的调速范围 D 为多少?

(2)当最低允许速度为 500 r/min 时,s、D 各为多少?

【解】 (1)调速范围

$$D = \frac{n_N s}{(1-s)\Delta n_N} = \frac{1\,500 \text{ r/min} \times 0.2}{(1-0.2) \times 120 \text{ r/min}} = 3.1$$

(2)当最低转速运行时,其理想空载转速为

$$n_{0\min} = n_{\min} + \Delta n_N = (500+120) \text{ r/min} = 620 \text{ r/min}$$

静差率

$$s = \frac{\Delta n_N}{n_{0\min}} = \frac{120 \text{ r/min}}{620 \text{ r/min}} = 0.19$$

调速范围

$$D = \frac{n_{\max}}{n_{\min}} = \frac{1\,500 \text{ r/min}}{500 \text{ r/min}} = 3$$

2. 动态性能指标

动态性能指标包括跟随性能指标和抗扰性能指标两类。

(1)跟随性能指标。

在给定信号(或称参考输入信号)$n_r(t)$ 的作用下,系统输出量 $n(t)$ 的变化情况可用跟随性能指标来描述。常以给定阶跃变化下的过渡过程作为典型的跟随过程,又称为阶跃响应。一般希望在阶跃响应时,输出量 $n(t)$ 与稳态值 n_∞ 的偏差越小越好,达到 n_∞ 的时间越快越好。具体的跟随性能指标如下:

①上升时间 t_r。在典型的阶跃响应跟随过程中,输出量从零起第一次上升到稳态值 n_∞ 所经过的时间,称为上升时间,用 t_r 表示,如图 3.5 所示。

②超调量。在典型 σ 的阶跃响应跟随过程中,输出量超出稳态值的最大偏离量与稳态值之比,用百分数表示,称为超调量,则

$$\sigma = \frac{n_{\max} - n_\infty}{n_\infty} \times 100\% \tag{3.8}$$

超调量反映系统的相对稳定性,超调量越小,相对稳定性越好。

③调节时间 t_s。调节时间又称过渡过程时间,用来衡量系统调节过程的快慢,原则上是从给定量阶跃变化起到输出量完全稳定下来为止的时间。但对实际系统,一般在阶跃响应曲线的稳态值附近,取 ±5%(或 ±2%)作为允许误差带,定义为调节时间 t_s,如图 3.5 所示。

(2)抗扰性能指标。

一般以电动机稳定运行时,突加负载后的动态过程作为典型的抗扰过程,并由此定义抗扰性能指标,如图 3.6 所示。

①动态降落 $\Delta n_{\max}$。系统稳定运行时,突加扰动后引起转速的最大降落值 $\Delta n_{\max}$ 称为动态降落,可用输出量原稳态值 $n_{\infty 1}$ 的百分比来表示。输出量在动态降落后逐渐恢复,达到新的稳态值 $n_{\infty 2}$,$(n_{\infty 1} - n_{\infty 2})$ 是系统在该扰动作用下的稳态降落。动态降落一般都大于稳态降落(即

静差)。

②恢复时间 t_f。从阶跃扰动作用开始,到被调量进入稳态值±5%或±2%区域内所需要的时间。

③振荡次数 N。在恢复时间内被调量在稳态值上下摆动的次数,代表系统的稳定性和抗扰能力的强弱。

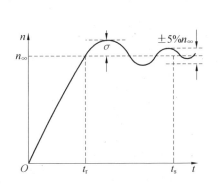

图 3.5 阶跃响应和跟随性能指标

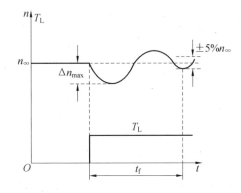

图 3.6 突加负载时的动态过程和抗扰性能指标

3.2 开环直流调速系统

3.2.1 晶闸管-直流电动机调速系统(简称 VC-M 系统)

由图 3.7 可以看出,变流装置输出的直流脉动电压直接加到平波电抗器和电动机电枢两端。当电枢电流保持连续时,系统处于稳定运行状态,其电压平衡方程式为

$$U_{d0} = E + I_a R_\Sigma \tag{3.9}$$

$$R_\Sigma = X_T m/2\pi + R_T + R_L + R_{aV}$$

式中 U_{d0}——理想空载整流电压的平均值;

E——电动机反电动势,$E = C_e n \Phi$;

I_a——电动机电枢电流;

R_Σ——电枢回路总电阻;

$X_T m/2\pi$——整流变压器漏抗 X_T 引起的换向压降对应的等效电阻,参数 m 与整流电路形式有关,在三相零式整流电路中 $m=3$,在三相全控桥式整流中 $m=6$;

R_T——整流变压器绕组折合到二次侧的等效电阻;

R_L——平波电抗器电阻;

R_{aV}——包括电动机电枢电阻及整流装置内阻。

将 $E = C_e n \Phi$ 代入式(3.9),经整理,可得电动机转速的表达式为

$$n = \frac{U_{d0} - I_a R_\Sigma}{C_e \Phi} \tag{3.10}$$

由式(3.10)可知,VC-M 系统有两种主要的调速方式:

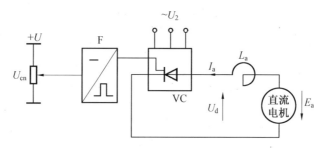

图 3.7 晶闸管直流调速变流装置

(1)保持电动机磁场为额定值,改变电枢端电压,可进行基速以下无级调速,实现电动机恒转矩调速。

(2)保持电动机端电压为额定值,减弱磁场,可进行基速以上无级调速,实现电动机恒功率调速。

在主电路中串接电阻的调速方式,由于电阻本身消耗电能,一般很少采用。

由式(3.10)可知,在电枢电流连续情况下,电动机转速方程式为

$$n=\frac{U_{d0}-I_aR_\Sigma}{C_e\varPhi}=n_{0x}-\Delta n_0 \tag{3.11}$$

式中 n_{0x}——对应某一 α 角下开环系统的理想空载转速,$n_{0x}=\dfrac{AU_2\cos\alpha}{C_e\varPhi}$;

Δn_0——VC-M 系统的开环速降,$\Delta n_0=\dfrac{I_aR_\Sigma}{C_e\varPhi}$。

$U_{d0}=AU_2\cos\alpha$,三相零式整流电路时,$A=1.17$;三相全控桥式整流电路时,$A=2.34$,其中 U_2 为整流变压器相电压的有效值。

由式(3.11)可以得出 VC-M 开环系统的机械特性曲线,如图 3.8 所示,当保持触发角 α 不变时,转速随着负载增加而下降,其转速降 Δn_0 是由电枢回路的电阻压降 I_aR_Σ 引起的;改变触发角 α 时,可得一簇平行直线。

上述结论表明,只要电流连续,晶闸管变流装置就可看作一个线性可控电压源。

3.2.2 直流电动机调速系统举例

下面介绍一个直流电动机开环调速系统(无电流环和速度环)。

(1)主回路。

主回路如图 3.9 所示,采用单相桥式半控方式。

(2)控制驱动电路。

控制驱动电路结构框图如图 3.10 所示,同步电路将正弦波分成两路正负半周同步的方波信号 A+和 A−,并生成同步触发信号。同步触发信号触发锯齿波生成电路,生成锯齿波,该锯齿波再与给定电压相比较得到占空比可调的 PWM 波。然后,A+和 A−将 PWM 波分离成正、反两相控制信号,经高频调制和功率放大后,触发晶闸管。下面详细介绍各电路的工作原理。

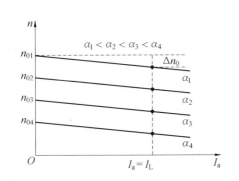

图 3.8 电枢电流连续时,VC-M 开环系统的机械特性曲线

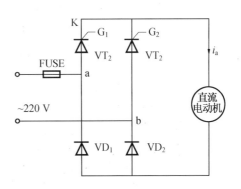

图 3.9 主回路

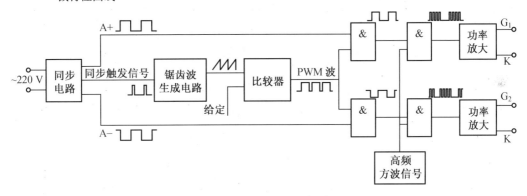

图 3.10 控制驱动电路结构框图

① 同步电路。

同步电路如图 3.11(a)所示,其作用就是对电网电压进行过零点检测,以此判断两个晶闸管的触发顺序。此电路就是将交流 220 V 变换为交流 5~20 V,经 R_1、R_2 分压输入到电压比较器 LM339 的反相输入端,二极管 D_1 除去正弦波的负半周,LM339 的 2 脚输出的是方波,两个反相器的作用是整形,R_5 和 C_1 构成的是移相电路。IC6A 为异或门,IC6A 的 1 脚与 IC6A 的 2 脚相异或,使 IC6A 的 3 脚输出窄脉冲,如图 3.11(b)所示,脉冲的上升沿与正弦波过零点的"位置"一致。

② 锯齿波产生电路。

锯齿波产生电路如图 3.12 所示,15 V 电压给电容 C_{e4} 充电,当图 3.11(a)中的 IC6A 的 3 脚输出的脉冲触发 IC14A(CD4066 模拟开关)时,模拟开关的 1 脚和 2 脚导通,电容快速放电,因此,IC14A 的 2 脚的输出为锯齿波,周期为 10 ms。电位器 W_2 的作用是调节锯齿波的斜率。

③ 触发角 α 设定。

如图 3.13 所示,+5 V 直流电压经电位器 W_3 调节直流电压给定值输入到 IC1 的 6 脚,和 IC1 的 7 脚锯齿波进行比较,IC1 的 1 脚输出 PWM 波形。直流电压给定值越大,触发角 α 后移,反之前移。IC2A(与门)的 1 脚为正弦波的正半周同步方波信号,IC2C 的 5 脚为正弦波的负半周同步方波信号,再和 PWM 波相与,从而得到正相和负相的触发信号。NE555 定时器的作用是产生 10 kHz 方波,调节电位器 W_7 可调节方波频率。

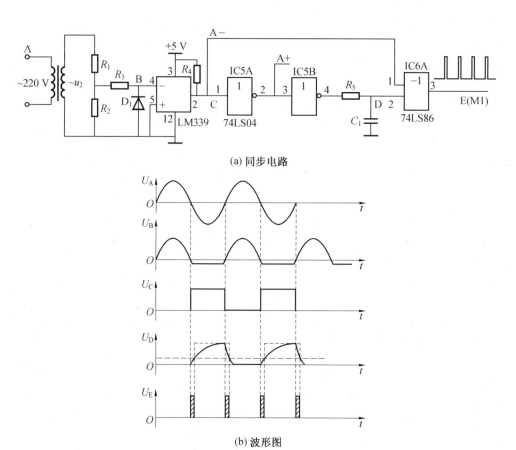

(a) 同步电路

(b) 波形图

图 3.11 同步电路及各点波形图

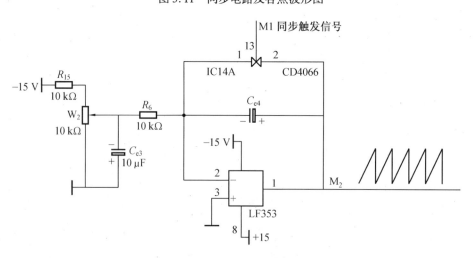

图 3.12 锯齿波电路

④触发电路。

IC2B 的 8 脚和 IC2D 的 11 脚的输出是经过 10 kHz 斩波处理后的正反两相控制信号，经脉冲变压器 T_1、T_2 放大后，触发 VT_1 和 VT_2。这种触发电路的特点是：由于是电磁隔离方式，驱动级不需专门的直流电源，简化了电源结构，且工作频率较高。由于变压器线圈是储能元件,断电时产生反电动势,加上续流二极管 D_7、D_8,就会在 Q_1、Q_2 关断时为变压器原端电感提供续流回路以防止感应电压过高,击穿开关管。图 3.13 电路中的各点电压波形如图 3.14 所示。

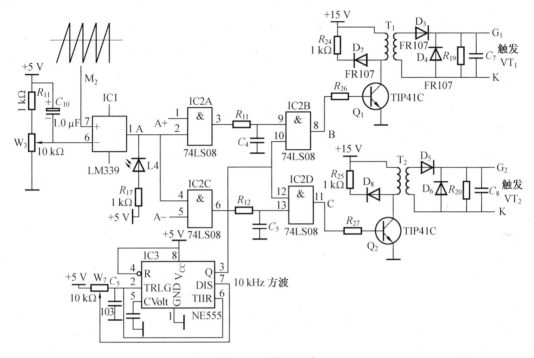

图 3.13 触发电路

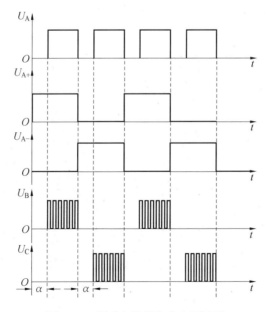

图 3.14 驱动电路的各点电压波形

3.3 闭环调速系统

3.3.1 单闭环调速系统的组成

由于开环调速系统不能满足对调速性能有较高要求的场合,根据自动控制原理,为了克服开环系统的缺点,必须采用带有负反馈的闭环系统。如图 3.15 所示,在闭环系统中,把系统的输出量通过传感器引向系统的输入端,与系统的给定量进行比较,从而得到偏差,通过调节器产生控制作用,自动纠正偏差。因此,带输出量负反馈的闭环控制系统,可以提高系统抗扰性能,并且改善控制精度,因此,被广泛应用在各类自动控制系统中。

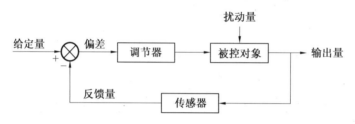

图 3.15 闭环系统方框图

对于调速系统来说,调速的任务就是控制和调节电动机的转速。在额定励磁状态下,直流调速系统的被控量是电动机的转速。如图 3.16 所示,系统通过转速传感器 BRT,检测并处理成一个与转速成正比的电压 U_f,与转速给定电压 U_r 进行比较,得到偏差电压 ΔU_n,经 PI 调节产生触发装置的控制电压 U_{ct},控制电动机转速,这就构成了反馈控制的闭环调速系统。图 3.16 为采用转速负反馈的单闭环调速系统,因为只有一个转速反馈环,故称为单闭环调速系统。该系统由电压比较环节、比例积分调节器、触发装置 GT 与晶闸管整流器 VT、直流电动机和测速发电机等组成。采用比例积分调节器,不仅改善了系统动态性能,还从根本上消除了静差,实现了无静差调速。

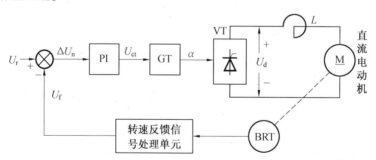

图 3.16 采用转速负反馈的单闭环调速系统

3.3.2 闭环调速系统的动态数学模型及稳定性分析

1. 系统的动态数学模型

为了对调速系统进行动态性能分析,必须首先建立系统的动态数学模型,即推导出单闭环调速系统各环节的微分方程和传递函数。

(1) 直流电动机的传递函数。

图 3.17 给出了额定励磁下他励直流电动机的等效电路。

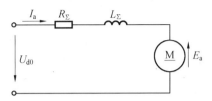

图 3.17 直流电动机等效电路

假定主电路电流连续,可得电压方程为

$$U_{d0} = R_\Sigma I_a + L_\Sigma \frac{dI_a}{dt} + E \quad (3.12)$$

$$E = C_e n \Phi$$

忽略黏性摩擦,得机械运动方程为

$$T_{em} - T_L = \frac{GD^2}{375} \frac{dn}{dt}$$

式中 T_{em}——额定励磁下的电磁转矩,单位为 N·m,$T_{em} = C_M \Phi I_a$,其中 C_M 为直流电动机的转矩系数,N·m/A,$C_M = \frac{30}{\pi} C_e$;

T_L——包括电动机空载转矩在内的负载转矩,N·m;

GD^2——电力拖动系统运动部分折算到电动机轴上的飞轮惯量,N·m²。

定义时间常数为:

电枢回路电磁时间常数为 $\tau_L = \frac{L_\Sigma}{R_\Sigma}$,单位为 s;

系统的机电时间常数为 $\tau_M = \frac{GD^2 R_\Sigma}{375 C_e C_M \Phi^2}$,单位为 s。

将以上 T_L、T_M 代入式(3.12),整理得

$$U_{d0} - E = R_\Sigma \left(I_a + \tau_L \frac{dI_a}{dt} \right)$$

$$I_a - I_L = \frac{\tau_M}{R_\Sigma} \frac{dE}{dt}$$

式中 I_L——负载电流,$I_L = T_L / (C_M \Phi)$。

若将等式两侧取拉普拉斯变换,则可以得到电压与电流间的传递函数为

$$\frac{I_a(s)}{U_{d0}(s) - E(s)} = \frac{1/R_\Sigma}{\tau_L s + 1} \quad (3.13)$$

电流与电动势间的传递函数为

$$\frac{E(s)}{I_a - I_L(s)} = \frac{R_\Sigma}{\tau_M s} \quad (3.14)$$

将式(3.13)与式(3.14)的结构图分别画在图 3.18(a)与图 3.18(b)之中。若再将两式联立起来,并考虑到 $n = E/(C_e \Phi)$,即得额定励磁下直流电动机动态结构图,如图 3.18(c)所示。

由图 3.18 所示的结构图可以看出,直流电动机有两个输入量:一个是理想空载整流电压

U_{d0};另一个是负载电流 I_L。前者是给定输入量,后者是扰动输入量。如果不需要在结构图中表示 I_a,则可将扰动量 I_L 的综合点前移,再进行等效变换,得图 3.19(a)。若负载为零,则结构图可简化为图 3.19(b)。

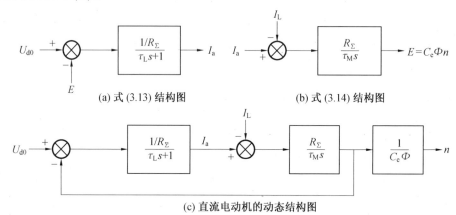

图 3.18　直流电动机的动态结构图

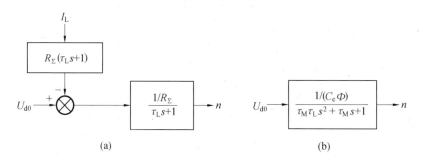

图 3.19　直流电动机动态结构图的变换和简化

(2)晶闸管触发和整流装置的传递函数。

晶闸管变流装置的控制总离不开触发电路,在分析系统时往往把它们当作一个环节来看待,这一环节的输入量是触发电路的控制电压 U_c,输出量是理想空载整流电压 U_{d0}。如果把它们之间的放大系数 K_V 看成常数,则晶体管触发电路与整流装置可以看成是一个纯滞后的放大环节,其滞后作用是由晶闸管整流装置的失控时间引起的。当控制角由 α_1 变到 α_2 时,若晶闸管已导通,则应等到下一个自然换向点以后才起作用。这样,晶闸管整流电路的输出平均电压 U_d 的改变就比控制电压 U_c 的改变延迟了一段时间 τ_V。

图 3.20 为单相全波整流纯电阻负载时 U_d 较 U_c 滞后 τ_V 的示意图。这段滞后时间和晶闸管整流器的类型有关联,其最大滞后时间为

$$\tau_{V\max} = \frac{1}{mf}$$

式中　f——交流电源频率;

m——整流电路在一个周期内的电压波头数。

在实际计算中,一般采用平均滞后时间,即取 $\tau_V = \dfrac{\tau_{V\max}}{2}$。不同形式整流器的滞后时间见表 3.1。

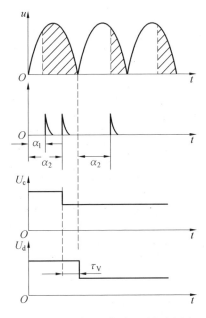

图 3.20 U_d 较 U_c 滞后 τ_V 的示意图

表 3.1 晶闸管整流的滞后时间

整流器形式	m/(波头个数/周)	τ_{Vmax}/ms	τ_V/ms
单相半波	1	20	10
单相全波	2	10	5
三相零式	3	6.7	3.3
三相半控桥	3	6.7	3.3
三相全控桥	6	3.3	1.7

根据拉普拉斯变换的滞后定理,晶闸管触发电路和整流装置的传递函数可表示为

$$G(s)=\frac{U_{d0}(s)}{U_c(s)}=K_V e^{-\tau_V s} \qquad (3.15)$$

将式(3.15)近似处理为一阶惯性环节,可得

$$G(s)=\frac{U_{d0}(s)}{U_c(s)}\approx \frac{K_V}{1+\tau_V s} \qquad (3.16)$$

(3) 比例放大器的传递函数。

比例放大器的响应可以认为是瞬时的,因此,它的放大系数也就是它的传递函数,即

$$\frac{U_c(s)}{\Delta U_c(s)}=K_A$$

在电力拖动系统中,放大器多采用线性集成运算放大器,用图 3.21 所示的符号来表示。

运算放大器用作比例放大器(也称比例调节器或 P 调节器)时的电路如图 3.22 所示,可以求出,比例运算放大器的传递函数为

$$K_A=\frac{U_o(s)}{U_i(s)}=\frac{R_1}{R_0}$$

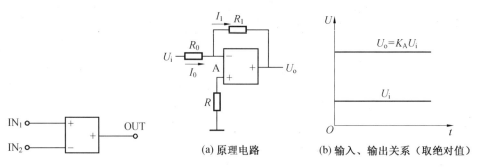

图 3.21 运算放大器符号　　　　图 3.22 比例放大器

(4)测速发电机传递函数。

测速发电机是测量电动机转速的装置,它与直流电动机同轴安装,其输出是与电动机转速成比例的电压。通常其输入和输出的关系为

$$U_{fn}(s) = \alpha n(s)$$

(5)单闭环调速系统的动态结构图。

将上述 4 个环节连在一起,便得到转速闭环系统的动态结构图,如图 3.23 所示。由图可见,单闭环调速系统可作为一个三阶线性系统。

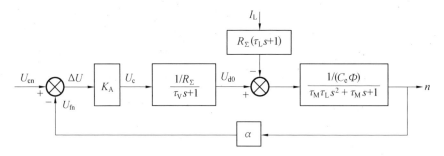

图 3.23 单闭环调速系统的动态结构图

单闭环调速系统的开环传递函数是

$$G_0(s) = \frac{K}{(1+\tau_V s)(\tau_M \tau_L s^2 + \tau_M s + 1)} \tag{3.17}$$

式中,$K = K_A K_V \alpha /(C_e \Phi)$。

若不考虑负载扰动作用,则系统的闭环传递函数是

$$G_c(s) = \frac{n(s)}{U_{cn}(s)} = \frac{K_A K_V/(C_e \Phi)}{(\tau_V s+1)(\tau_M \tau_L s^2 + \tau_M s + 1) + K} = \frac{\dfrac{K_A K_V/(C_e \Phi)}{1+K}}{\dfrac{\tau_M \tau_L \tau_V}{1+K}s^3 + \dfrac{\tau_M(\tau_L + \tau_V)}{1+K}s^2 + \dfrac{\tau_M + \tau_V}{1+K}s + 1} \tag{3.18}$$

2. 单闭环调速系统的稳定条件

由式(3.18)可知,系统的特征方程为

$$\frac{\tau_M \tau_L \tau_V}{1+K}s^3 + \frac{\tau_M(\tau_L + \tau_V)}{1+K}s^2 + \frac{\tau_M + \tau_V}{1+K}s + 1 = 0 \tag{3.19}$$

式(3.19)的一般表达式为
$$a_0 s^3 + a_1 s^2 + a_2 s + a_3 = 0$$
根据劳斯判据,系统稳定的充要条件是
$$a_0 > 0, \quad a_1 > 0, \quad a_2 > 0, \quad a_3 > 0 \text{ 及 } a_1 a_2 - a_0 a_3 > 0$$
式(3.19)的各项系数显然都是大于零的,因此,稳定条件就只有
$$\frac{\tau_M (\tau_L + \tau_V)}{1+K} \cdot \frac{\tau_M + \tau_V}{1+K} - \frac{\tau_M \tau_L \tau_V}{1+K} > 0$$
即
$$K < \frac{\tau_M (\tau_L + \tau_V) + \tau_V^2}{\tau_L \tau_V} \tag{3.20}$$

式(3.20)的右边之值称为系统的临界放大系数,K 超出此值,系统将不稳定,以致无法工作。为了改善系统的稳定性,显然,最简便的方法是调整系统的增益,使闭环系统的开环放大系数 K 的选取满足式(3.20)。但从稳定条件出发而求出的 K 值,往往无法满足系统稳态精度的要求。

为了解决系统稳定性与稳态精度之间的矛盾,可采用控制理论中的校正方法,即在原有系统中增添一些元件,人为地改变系统的结构。校正的方法有多种,对于一个系统来说,能够满足性能指标的校正方案也不是唯一的。在电力拖动调速系统中,最常用的方案有串联校正和反馈校正两种,其中串联校正最简单,而且可以很容易地利用原始系统中已有的运算放大器构成有源校正网络来实现,故在调速系统设计中常优先考虑串联校正方案。用运算放大器实现的串联校正装置有比例积分(PI)调节器(相位滞后校正)、比例积分微分(PID)调节器(相位滞后-超前校正)等。下面以 PI 调节器组成的无静差调速系统为例分析其具体的应用。

3. 无静差调速系统

(1) 系统无静差的实现。

带比例调节器的闭环控制系统本质上是一个有静差系统。当负载扰动为阶跃信号时,上述系统要实现无静差,必须在扰动作用点前含有积分环节,即用积分调节器去替代比例调节器,而积分环节的引入将使系统稳定性进一步变差(单闭环有静差调速系统固有部分由 3 个惯性环节组成)。为此,将采取 PI 调节器校正方式。系统中引入 PI 调节器后,不仅很好地解决了动、静态对放大系数要求的矛盾,同时,又使系统控制性能兼顾比例和积分的特征。因此,PI 调节器在电机控制系统中获得了广泛应用。

(2) 采用比例积分(PI)调节器的单闭环无静差调速系统。

①比例积分(PI)调节器。

PI 调节器的原理电路如图 3.24 所示,其输出表达式为
$$U_o = \frac{R_1}{R_0} U_i + \frac{1}{R_0 C_1} \int U_i \, dt \tag{3.21}$$

初始条件为零时,取式(3.21)两侧的拉普拉斯变换,即得 PI 调节器的传递函数
$$G_{PI}(s) = \frac{U_o(s)}{U_i(s)} = K_P + \frac{K_P}{\tau_I s} = \frac{K_P (\tau_I s + 1)}{\tau_I s}$$

式中 $K_P = \dfrac{R_1}{R_0}$ ——比例部分放大系数;

$\tau_1 = R_1 C_1$——PI 调节器的时间常数。

由图 3.25 可见,在比例积分调节器的输出特性中,既有输出量能立即响应输入量变化的比例部分,又有能随时间对输入信号不断积累的部分 $\left(\dfrac{K_P}{\tau_1}\int U_i \mathrm{d}t\right)$。由于它含有积分环节,所以,当输入 U_i 不等于零时,积分过程将不断地继续下去,输出量将继续变化;当输入 U_i 等于零时,输出 U_o 将稳定在此刻的数值上,这就是积分调节器的记忆作用和保持作用。

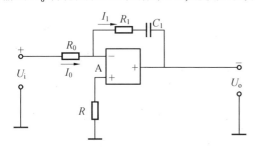

图 3.24 PI 调节器原理图

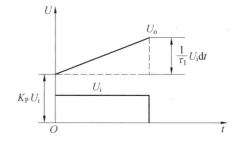

图 3.25 阶跃输入时 PI 调节器的输出特性

②系统的调节过程。

基于 PI 调节器的无静差直流调速系统的静态结构如图 3.26 所示。其中,代表 PI 调节器的方框中用它的输出特性表示。

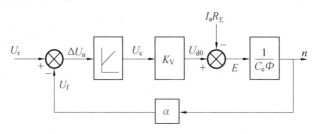

图 3.26 无静差调速系统的静态结构图

本系统采用转速 PI 调节器,输入信号为 $\Delta U_n = U_r - U_f$(ΔU_n 为转速偏差电压),输出是晶闸管变流装置的控制电压 U_c,它控制晶闸管变流装置输出 U_{d0} 大小,且

$$U_c = K_P(U_r - U_f) + \dfrac{K_P}{\tau_1}\int(U_r - U_f)\mathrm{d}t = K_P\Delta U_n + \dfrac{K_P}{\tau_1}\int \Delta U_n \mathrm{d}t$$

当负载突增时,无静差调速系统的动态过程曲线如图 3.27 所示,设系统原负载转矩为 T_{L1},稳定运行时,转速偏差电压 ΔU_n($\Delta U_n = U_r - U_f = U_r - \alpha n_s$)必为零,则稳定转速为

$$n_s = U_r/\alpha$$

在 t_1 时刻,负载转矩阶跃增到 T_{L2},在负载扰动作用下,由于转速 n 不能稳定在 $n_s = U_r/\alpha$ 的数值上,转速误差电压 ΔU_n 不等于零,此时,PI 调节器输出电压增量 ΔU_c 将分成比例和积分两部分。

比例部分:$\Delta U_c' = K_P \Delta U_n$,其波形与 ΔU_n 相似,如图 3.27(d)中曲线①所示。

积分部分:$\Delta U_c'' = \dfrac{K_P}{\tau_1}\int \Delta U_n \mathrm{d}t$,其波形为 ΔU_n 对时间的积分,即 $\Delta U_n(t)$ 的特性曲线与横轴所包围的面积与 $\Delta U_c''(t)$ 成正比,由此可以得到相应的 $\Delta U_c''(t)$ 曲线,如图 3.27(d) 中曲线 ②所示。

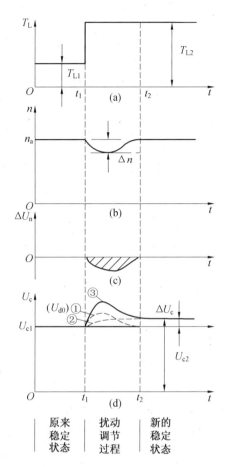

图 3.27　无静差调速系统突加负载时的调节过程

PI 调节器输出电压 $U_{c2} = U_{c1} + \Delta U'_c + \Delta U''_c$，其波形如图 3.27(d) 中曲线③所示。这样，当负载增加而使转速降低时，通过转速负反馈和 PI 调节器，U_{c2} 将升高，使电动机电枢电压不断增加(晶闸管整流器输出电压 U_{d0} 的波形与 U_c 相似)，直到 ΔU_n 又恢复到零值，转速恢复到原值 (U_r/α) 时为止。这时系统稳态误差为零，系统为无静差。原来的稳定状态与新的稳定状态的转速虽然一样，ΔU_n 等于零，但 U_c 已从 U_{c1} 上升到 U_{c2}，这里 U_c 的改变并非仅靠 ΔU_n 本身，而且依靠 ΔU_n 在一段时间内的积累来实现的；虽然新的稳定状态 $\Delta U_n = 0$，但只要历史上有过 $\Delta U_n \neq 0$(扰动调节过程 $\Delta U_n \neq 0$)的情况，其积分就有一定数值，就能产生足够的控制电压，保证新的稳压运行。由上述可知，系统通过积分调节作用才可以消除转速稳态偏差。

在调节过程的初、中期，速降 Δn 较大，ΔU_n 也较大，与 ΔU_n 成正比的 $\Delta U'_c$ 也较大，它使 U_{d0} 有较大的增长，从而立即阻止转速继续下降，继而使转速回升。而此时由于经历的时间还比较短，所以，积分部分 $\Delta U''_c$ 比较小。由此可见，在调节过程的初、中期，比例部分起主导作用，保证了系统的快速响应。

在调节过程后期，转速已经逐渐回升，速降 Δn 减小。这时，$\Delta U'_c$ 也减小，比例部分已经不起主要作用，而 $\Delta U''_c$ 经过一段时间的积累逐渐增高，它将使转速进一步回升，直到转速恢复原值。可见，在调节后期，积分起主导作用，并依靠它最终消除稳态误差。

此外，在系统中采用 PI 调节器，稳态时，反馈电容相当于断路，其放大系数即为运算放大器开环放大系数,数值很大(在 10^5 以上),这时,系统的稳态误差大大减小。而在动态时,反馈电容则相当于短路,其放大系数 $K_P=R_1/R_0$ 数值不大,保证了系统的稳定性。这样一来,对同一系统,动、静态放大系数为不同数值,从而解决了系统稳定性与稳态误差的矛盾。

需要指出的是 PI 调节器构成的滞后校正,可保证稳态精度,但是,它是以牺牲快速性来换取系统稳定性。由于一般调速系统要求以稳和准为主,对快速性要求不高,所以常用 PI 调节器。

3.3.3 转速、电流双闭环直流调速系统的组成

调速的关键是转矩控制,图 3.16 所示的调速系统并没有转矩控制的措施。因为额定励磁状态下的直流电动机电枢电流 I_a 与直流电动机的电磁转矩成正比,所以,通过控制电枢电流 I_a 就能达到对转矩的控制。为了有效地控制转矩,就必须对电枢电流进行单独的闭环控制,因此,依据图 3.16,在转速环内引入电枢电流负反馈,就构成电流闭环控制系统。图 3.28 所示为转速、电流双闭环调速系统的原理框图。为了让转速和电流两种负反馈分别起作用,在系统中设置了两个调节器,分别调节转速和电流,并将二者串联连接。把转速调节器 ASR 的输出作为电流调节器 ACR 的输入,用电流调节器的输出控制晶闸管整流的触发器。从闭环结构上看,电流环是内环,转速环是外环。为了获得良好的静、动态性能,双闭环调速系统的两个调节器通常都采用 PI 调节器。

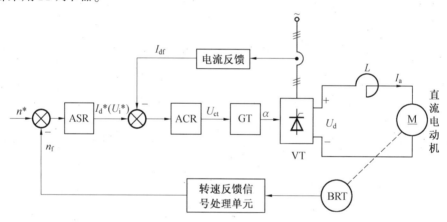

图 3.28 转速、电流双闭环调速系统原理框图

图 3.28 中,两个调节器的输出都应进行限幅。转速调节器 ASR 的输出限幅值 I_{im}^* 决定了电枢电流的最大值 I_{am},电流调节器 ACR 的输出限幅电压 U_{ctm} 限制了晶闸管整流装置输出电压的最大值 U_{dm}。

PI 调节器在工作中一般存在饱和和不饱和两种状态。饱和时输出达到限幅值,不饱和时输出未达到限幅值,这样的稳态特征是分析双闭环调速系统的关键。当调节器饱和时,输出为恒值,输入量的变化不再影响输出;当调节器不饱和时,PI 调节器的积分(I)作用使输入偏差电压 ΔU 在稳态时总是等于零。

实际上,双闭环调速系统在正常运行时,电流调节器是不会达到饱和状态的,对于静特性来说,只有转速调节器存在饱和与不饱和两种情况。

当转速调节器处于不饱和状态时,稳态时转速调节器的输入偏差电压为零。当转速调节

器处于饱和状态时,这时 ASR 输出限幅值 U_{im}^*。转速外环呈开环状态,转速的变化对系统不再产生影响,此时只剩下电流环起作用,双闭环调速系统由转速无静差系统变成一个电流无静差的单闭环恒流调节系统。I_{dm} 是 U_{im}^* 所对应的电枢电流最大值,由设计者根据电动机的容许过载能力和拖动系统允许的最大加速度选定。由以上分析可知,双闭环调速系统的静特性在负载电流 $I_d < I_{dm}$ 时表现为转速无静差,这时 ASR 起主要调节作用。当负载电流达到 I_{dm} 之后,ASR 饱和,ACR 起主要调节作用,系统表现为电流无静差,从而实现过电流的自动保护。这就是采用两个 PI 调节器分别形成内、外两个闭环的效果。

采用转速、电流双闭环调速系统后,由于增加了电流内环,而电网电压扰动被包围在电流环里,当电网电压发生波动时,可以通过电流反馈得到及时调节,不必等到它影响转速后,再由转速调节器做出反应。因此,在双闭环调速系统中,由电网电压扰动所引起的动态速度变化要比在单闭环调速系统中小得多。

综上所述,在双闭环调速系统中,转速调节器和电流调节器的作用可归纳为:
(1)转速调节器的作用。
① 使电动机转速 n 跟随给定电压 U_r 变化,保证稳态转速无静差;
② 对负载扰动起抑制作用;
③ 其输出限幅值决定允许的最大电流,在启动时给出最大限定电流。
(2)电流调节器的作用。
① 对电网电压扰动起及时抑制作用;
② 启动时保证获得恒定的最大允许电流;
③ 当电动机过载甚至堵转时,限制电枢电流最大值,起到快速、安全、保护作用;
④ 在转速调节过程中,使电流 I_d 跟随给定电压 U_i 变化。

3.4 直流脉宽调速系统

20 世纪 70 年代以前,以晶闸管为基础组成的相控整流装置是直流传动中主要使用的变流装置,但由于晶闸管属半控型器件,只能控制导通不能控制关断,使得由其构成的 V-M 系统的性能受到一定限制。随着电力电子器件的发展,全控型器件得到了广泛的应用,采用 MOS-FET(电力场效应管)、IGBT(绝缘栅双极型晶体管)等组成的直流脉宽调速系统近年来已发展成熟,用途越来越广,在直流电气传动中呈现越来越普遍的趋势。

与 V-M 系统相比,PWM 系统在很多方面具有较大的优越性:①主电路线路简单,需要的功率元件少;②开关频率高,电流容易连续,谐波少,电动机损耗和发热都较少;③低速性好,稳速精度高,调速范围宽;④系统频带宽,快速响应性能好,动态抗干扰能力强;⑤主电路元件工作在开关状态,导通损耗小,装置效率高;⑥直流电源采用不可控三相整流时,电网功率因数高。

脉宽调速系统与 V-M 系统在闭环系统的静态、动态分析和设计上基本上都是一样的,本节仅就 PWM 调速系统的几个特殊问题进行讨论。

3.4.1 脉宽调制变换器

由脉冲宽度调制变换器向直流电动机供电的系统称为脉冲宽度调制调速系统,简称 PWM

调速系统。

脉宽调制型调速控制系统原理图及输出电压波形如图 3.29 所示。

在图 3.29(a)中,假定开关管 VT 先导通 T_{on}(忽略 VT 的管压降,这期间电源电压 U_s 全部加到电枢上),然后关断 T_{off},电枢失去电源,经二极管 VD 续流。如此周而复始,则电枢端电压波形如图 3.29(b)所示,电动机电枢端电压 U_d 为平均值。

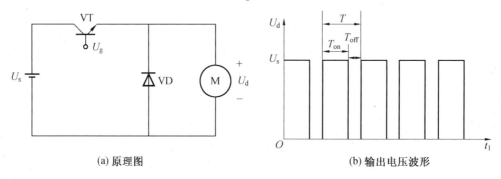

(a) 原理图　　　　　　　　(b) 输出电压波形

图 3.29　PWM 调速系统

$$U_d = \frac{T_{on}}{T_{on}+T_{off}} U_s = \frac{T_{on}}{T} U_s = \rho U_s$$

$$\rho = \frac{T_{on}}{T_{on}+T_{off}} = \frac{T_{on}}{T}$$

式中　ρ——一个周期 T 中 VT 导通时间的比率,称为负载率或占空比。使用下面 3 种方法中的任何一种,都可以改变 ρ 的值,从而达到调压的目的,实现电动机的平滑调速。

① 定宽调频法:T_{on} 保持一定,使 T_{off} 在 $0 \sim \infty$ 范围内变化;

② 调宽调频法:T_{off} 保持一定,使 T_{on} 在 $0 \sim \infty$ 范围内变化;

③ 定频调宽法:$T_{on}+T_{off}=T$ 保持一定,使 T_{on} 在 $0 \sim T$ 范围内变化。

PWM 变换器有不可逆和可逆两类,可逆变换器又有双极式、单极式和受限单极式等多种电路。

1. 不可逆 PWM 变换器

不可逆 PWM 变换器分为无制动作用和有制动作用两种,图 3.30(a)所示为无制动作用的简单不可逆 PWM 变换器主电路图,它实际上就是图 3.29(a)所示的直流斩波器,采用全控式的电力电子器件,如 MOSFET、IGBT 等。电源电压 U_s 一般由交流电网经不可控整流电路提供,电容 C 的作用是滤波,二极管 VD 的作用是当开关管 VT 关断时为电动机提供释放电感储能的续流回路。

开关管 VT 由频率为 f、脉冲宽度可调的 U_g 驱动。在一个开关周期 T 内,当 $0 \leq t < t_{on}$ 时,U_g 为正,VT 饱和导通,电源电压通过 VT 加到电动机电枢两端;当 $t_{on} \leq t < T$ 时,U_g 为负,VT 截止,电枢失去电源,经二极管 VD 续流,则电动机电枢两端的平均电压为

$$U_d = \frac{t_{on}}{T} U_s = \rho U_s \tag{3.22}$$

式中　ρ——PWM 占空比,$\rho = \frac{U_d}{U_s} = \frac{t_{on}}{T}$。$\rho$ 的变化范围在 $0 \sim 1$ 之间,改变 ρ,即可调节电动机的转速。

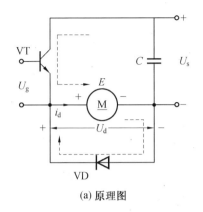 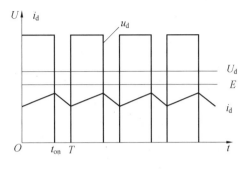

(a) 原理图　　　　　　　　　(b) 电压和电流波形

图 3.30　简单的不可逆 PWM 变换电路

图 3.30(b)绘出了稳态时电动机电枢的脉冲端电压 u_d、平均电压 U_d 和电枢电流 i_d 的波形。由图可见，电流 i_d 是脉动的，其平均值等于负载电流 $I_{dL}=T_L/(C_m\Phi)$（T_L——负载转矩，C_m——直流电动机转矩系数）。

由于 VT 在一个周期内具有开和关两种状态，电路电压平衡方程式也分为两个阶段，即

$0\leqslant t<t_{on}$ 期间

$$U_s=Ri_d+L\frac{di_d}{dt}+E \tag{3.23}$$

$t_{on}\leqslant t<T$ 期间

$$0=Ri_d+L\frac{di_d}{dt}+E \tag{3.24}$$

式中　R、L——电动机电枢回路的总电阻和总电感；
　　　E——电动机的反电动势。

PWM 调速系统的开关频率都较高，一般是 8~20 kHz，因此电流的脉动幅值不会很大，再影响到转速 n 和反电动势 E 的波动就更小，在分析时可以忽略不计，视 n 和 E 为恒值。

这种简单不可逆 PWM 电路中电动机的电枢电流 i_d 不能反向，因此系统没有制动作用，只能做单向运行，这种电路又称为"受限式"不可逆 PWM 电路。这种 PWM 调速系统，在空载或轻载下可能出现电流断续现象，系统的静、动态性能均较差。

图 3.31(a)所示为具有制动作用的不可逆 PWM 变换电路原理图，该电路设置了两个开关管 VT_1 和 VT_2，形成两者交替开关的电路，提供了反向电流 $-i_d$ 的通路。这种电路组成的 PWM 调速系统可在第 Ⅰ、Ⅱ 两个象限中运行。

VT_1 和 VT_2 的驱动信号电压大小相等，极性相反，即 $U_{g1}=-U_{g2}$。当电动机工作在电动状态时，在一个周期内平均电流应为正值，电流 i_d 分两段变化。在 $0\leqslant t<t_{on}$ 期间，U_{g1} 为正，VT_1 饱和导通；U_{g2} 为负，VT_2 截止。此时，电源 U_s 加到电动机电枢两端，电流 i_d 沿图中的回路 1 流通。在 $t_{on}\leqslant t<T$ 期间，U_{g1} 和 U_{g2} 改变了极性，VT_1 截止，原方向的电流 i_d 沿回路 2 经二极管 VD_2 续流，在 VD_2 两端产生的压降给 VT_2 施加反压，使 VT_2 不可能导通。因此电动机工作在电动状态时，一般情况下是 VT_1 和续流二极管 VD_2 交替导通，而 VT_2 则始终不导通，其电压、电流波形如图 3.31(b)所示。

如果电动机工作在电动状态时要降低转速，可将控制电压减小，使 U_{g1} 的正脉冲变窄，负

脉冲变宽,从而使电动机电枢两端的平均电压 U_d 降低。但是由于惯性,电动机的转速 n 和反电动势 E 来不及立刻变化,因而出现 $U_d<E$ 的情况,这时 VT_2 能在电动机制动中起作用。在 $t_{on} \leq t < T$ 期间,VT_2 在正的 U_{g2} 和反电动势 E 的作用下饱和导通,由 $E-U_d$ 产生的反向电流 $-i_d$ 沿回路 3 通过 VT_2 流通产生制动,一部分能量消耗在回路电阻上,一部分转化为磁场能存储在回路电感中,直到 $t=T$ 为止。在 $T \leq t < t_{on}+T$(也就是 $0 \leq t < t_{on}$)期间,因 U_{g2} 变负,VT_2 截止,$-i_d$ 只能沿回路 4 经二极管 VD_1 续流,对电源回馈制动,同时在 VD_1 上产生的压降使 VT_1 承受反压而不能导通。在整个制动状态中,VT_2 和 VD_1 轮流导通,VT_1 始终截止,此时电动机处于发电状态,电压和电流波形如图 3.31(c)所示。反向电流的制动作用使电动机转速下降,直到新的稳态。最后,应该指出,当直流电源采用不可控半导体整流装置时,在回馈制动阶段电能不可能通过它送回电网,只能对滤波电容器充电而造成瞬时的电压升高,称作"泵升电压",必须采取措施加以限制,以免损坏开关管和整流二极管。

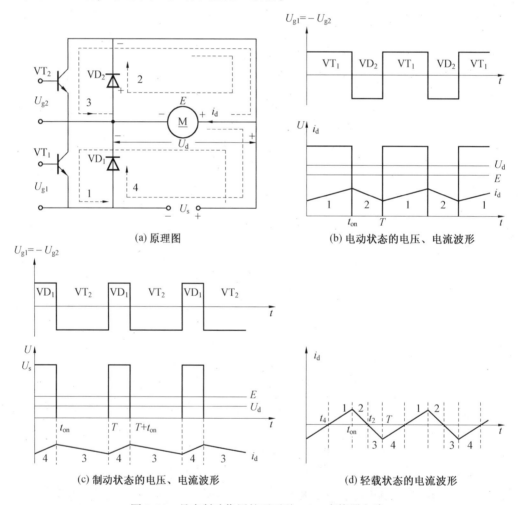

图 3.31 具有制动作用的不可逆 PWM 变换器电路

这种电路构成的调速系统还存在一种特殊情况,即在电动机的轻载电动状态中,负载电流很小,在 VT_1 关断后(即 $t_{on} \leq t < T$ 期间)沿回路 2 经 VD_2 的续流电流 i_d 很快衰减到零,如在图 3.31(d)中的 $t_{on} \sim T$ 期间的 t_2 时刻。这时 VD_2 两端的压降也降为零,而此时由于 U_{g2} 为正,使

没有了反压的 VT_2 得以导通,反电动势 E 经 VT_2 沿回路 3 流过反向电流 $-i_d$,产生局部时间的能耗制动作用。到了 $0 \leq t < t_{on}$ 期间,VT_2 关断,$-i_d$ 又沿回路 4 经 VD_1 续流,到 $t=t_4$ 时 $-i_d$ 衰减到零,VT_1 在 U_{g1} 作用下因不存在反压而导通,电枢电流再次改变方向为 i_d 沿回路 1 经 VT_1 流通。在一个开关周期内,VT_1、VD_2、VT_2、VD_1 4 个电力电子开关器件轮流导通,其电流波形如图 3.31(d)所示。

综上所述,具有制动作用的不可逆 PWM 变换器构成的调速系统,电动机电枢回路中的电流始终是连续的;而且,由于电流可以反向,系统可以实现二象限运行,具有较好的静、动态性能。

由具有制动作用的不可逆 PWM 逆变器构成的直流调速系统,电动机有两种运行状态,在电动状态下,依靠 VT_1 的开和关两种状态,在发电制动状态下则依靠 VT_2 的开和关两种状态。两种工作状态下电路电压平衡方程式都分为两个阶段,情况与不可逆 PWM 变换器电路相同,即在 $0 \leq t < t_{on}$ 期间为式(3.23),在 $t_{on} \leq t < T$ 期间为式(3.24),只不过两种状态下电流的方向相反,即在制动状态时为 $-i_d$。

2. 可逆 PWM 变换器

可逆 PWM 变换器主电路的结构形式有 T 型和 H 型两种,其基本电路如图 3.32 所示,其中图 3.32(a)为 T 型 PWM 变换器电路,图 3.32(b)为 H 型 PWM 变换器电路。

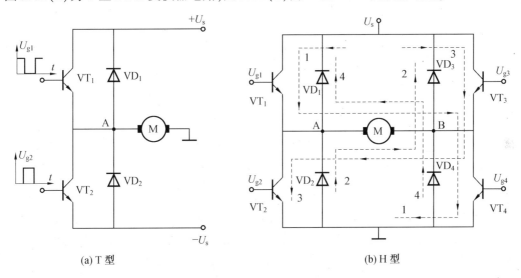

(a) T 型 (b) H 型

图 3.32 可逆 PWM 变换电路

T 型电路由两个可控电力电子器件和两个续流二极管组成,所用元件少,线路简单,构成系统时便于引出反馈,适用于作为电压低于 50 V 的电动机的可控电源;但是 T 型电路需要正负对称的双极性直流电源,电路中的电力电子器件要承受两倍的电源电压,在相同的直流电源电压下,其输出电压的幅值为 H 型电路的一半。H 型电路是实际中广泛应用的可逆 PWM 变换器电路,它由 4 个可控电力电子器件和 4 个续流二极管组成桥式电路,这种电路只需要单极性电源,所需电力电子器件的耐压相对较低,但是构成调速系统时电动机电枢两端浮地。

H 型变换器电路在控制方式上分为双极式、单极式和受限单极式 3 种。下面以双极式可逆 PWM 变换器为例,加以介绍。

双极式可逆 PWM 变换器的主电路如图 3.32(b)所示。4 个开关管分为两组,VT_1 和 VT_4

为一组,VT_2 和 VT_3 为另一组。同一组中两个开关管的基极驱动电压波形相同,即 $U_{g1} = U_{g4}$,VT_1 和 VT_4 同时导通、关断;$U_{g2} = U_{g3}$,VT_2 和 VT_3 同时关断。而且 U_{g1}、U_{g4} 和 U_{g2}、U_{g3} 相位相反,在一个开关周期内 VT_1、VT_4 和 VT_2、VT_3 两组晶体管交替地导通和关断,变换器输出电压 U_{AB} 在一个周期内有正负极性变化,这是双极式 PWM 变换器的特征,也是"双极性"名称的由来。

由于电压 U_{AB} 极性的变化,使得电枢回路电流变化存在两种情况,其电压、电流波形如图 3.33 所示。

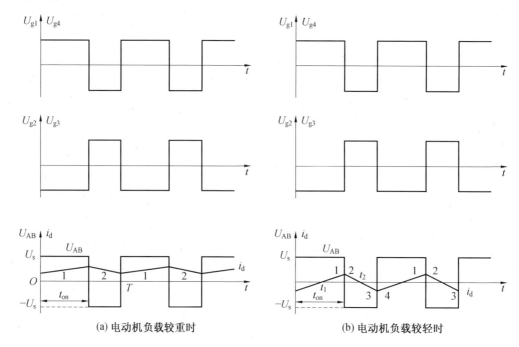

(a) 电动机负载较重时　　　　(b) 电动机负载较轻时

图 3.33　双极式 PWM 变换器电压和电流波形

如果电动机的负载较重,平均负载电流较大,在 $0 \leqslant t < t_{on}$ 时,U_{g1} 和 U_{g4} 为正,VT_1 和 VT_4 饱和导通;而 U_{g2} 和 U_{g3} 为负,VT_2 和 VT_3 截止。此时,$+U_s$ 加在电枢 AB 两端,$U_{AB} = U_s$,电枢电流 i_d 沿回路 1 流通(图 3.32(b)),电动机处于电动状态。在 $t_{on} \leqslant t < T$ 时,U_{g1} 和 U_{g4} 为负,VT_1 和 VT_4 截止,U_{g2} 和 U_{g3} 为正,电枢电感释放储能由二极管 VD_2 和 VD_3 续流,在 VD_2 和 VD_3 上的正向压降使 VT_2 和 VT_3 的 c-e 极承受反压而不能导通,$U_{AB} = -U_s$,电枢电流 i_d 沿回路 2 流通,电动机仍处于电动状态。有关参量波形示于图 3.33(a)中。

如果电动机负载较轻,平均电流小,在续流阶段电流很快衰减到零,即当 $t = t_2$ 时,$i_d = 0$。于是在 $i_d = 0$ 时,VT_2 和 VT_3 的 c-e 极两端失去反压,并在负的电源电压 $-U_s$ 和电动机反电动势 E 的共同作用下导通,电枢电流 i_d 反向,沿回路 3 流通,电动机处于反接制动状态。在 $T \leqslant t < t_1$($0 \leqslant t < t_1$)时,U_{g2} 和 U_{g3} 变负,VD_2 和 VD_3 截止,因电枢电感的作用,电流经 VD_1 和 VD_4 续流,使 VT_1 和 VT_4 的 c-e 极承受反压,虽然 U_{g1} 和 U_{g4} 为正,VT_1 和 VT_4 也不能导通,电流沿回路 4 流通,电动机工作在制动状态。当 $t_1 \leqslant t < t_{on}$ 时,VT_1 和 VT_4 才导通,电流又沿回路 1 流通。有关参量波形图示于图 3.33(b)中。

这样看来,双极式可逆 PWM 变换器与具有制动作用的不可逆 PWM 变换器的电流波形差不多,主要区别在于电压波形:前者,无论负载是轻还是重,加在电动机电枢两端的电压都在

+U_s 和 $-U_s$ 之间变换;后者的电压只在 $+U_s$ 和 0 之间变换。这里并未反映出"可逆"的作用。实现电动机的可逆运行,由正、负驱动电压的脉冲宽窄而定。当正脉冲较宽时,$t_{on}>T/2$,电枢两端的平均电压为正,运行时电动机正转;当正脉冲较窄时,$t_{on}<T/2$,平均电压为负,电动机反转。如果正、负脉冲宽度相等,$t_{on}=T/2$,平均电压为零,电动机停止运转。因为双极式可逆 PWM 变换器电动机电枢两端的平均电压为

$$U_d = \frac{1}{T}[t_{on}U_s - (T-t_{on})U_s] = \left(\frac{2t_{on}}{T}-1\right)U_s \tag{3.25}$$

定义 $\rho = U_d/U_s$ 为 PWM 电压的占空比,则

$$\rho = \frac{U_d}{U_s} = \frac{2t_{on}}{T} - 1 \tag{3.26}$$

由上式可以看出,改变 ρ 即可调速,ρ 的变化范围为 $-1 \leq \rho \leq 1$。当 ρ 为正值时,电动机正转;当 ρ 为负值时,电动机反转;当 $\rho=0$ 时,电动机停止不转。双极式可逆 PWM 变换器的优点是:电流一定连续,可以使电动机实现四象限运行;电动机停止时的微振交变电流可以消除静摩擦死区;低速时由于每个电力电子器件的驱动脉冲仍较宽而有利于器件的可靠导通;低速平稳性好,可达到很宽的调速范围。双极式可逆 PWM 变换器存在如下缺点:在工作过程中,4 个电力电子器件都处于开关状态,开关损耗大,而且容易发生上、下两只功率器件直通的事故,降低设备的可靠性。

3.4.2 直流脉宽调速系统举例

目前单片集成 PWM 控制器,如 SG3524、UC3842 和 TL494 等,由于简单、可靠、功能完善、通用性强、使用方便和价格低廉等原因,得到了普遍应用和迅速发展,并取代了分立元件构成的 PWM 电路。本例就是以 TL494 为例,介绍单相 PWM 直流调速系统(含电流环)的实现。单相 PWM 直流调速系统框图如图 3.34 所示。

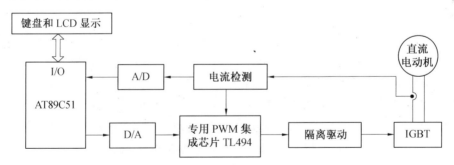

图 3.34 单相 PWM 直流调速系统框图

(1)系统的主回路。

系统主回路应用交流 220 V 经整流桥和存储电容后得到的 300 V 左右的直流电压。

(2)主控单元 PWM 信号产生电路及驱动电路。

① 主控单元 MCU。

如图 3.35 所示,本系统主控单元采用单片机 AT89C51,其具有片内含 4k bytes 的可反复擦写的只读程序存储器(E^2PROM)和 128 bytes 随机存取数据存储器(RAM),器件采用 AT-

MEL公司的高密度、非易失性存储技术生产,兼容标准MCS.51指令系统,片内置通用8位中央处理器(CPU)和FLASH存储单元。AT89C51提供以下标准功能,4k字节Flash闪速存储器,128 bytes内部RAM,32个I/O口线,两个16位定时/计数器,一个全双工串行通信口,片内振荡器时钟电路。

通过I/O口P1与键盘和液晶屏连接,进行速度设定和显示。下面给出DAC0832和MCU的电路。

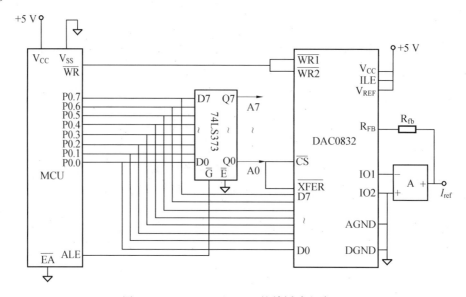

图3.35 DAC0832和MCU的单缓冲电路

② PWM生成电路。

图3.36中产生的PWM驱动信号QL触发功率管IGBT,通过调整PWM的占空比来调整电动机端电压的高低,从而实现对电动机调速。需要注意的是本系统采用二合一的IGBT功率模块,在直流电动机绕组续流时采用VT_1中的寄生二极管VD_1进行续流,此时应将VT_1的控制极G、发射极E短路,否则会因VT_1的G、E端悬空而产生桥臂直通现象。

采用TL494来生成PWM信号,生成电路如图3.36所示,电流反馈信号U_f经阻容滤波输入到TL494的1脚,由DAC0832输出的给定值输入TL494的2脚,经比例积分运算后,TL494的3脚输出直流电压与5和6脚生成的锯齿波进行比较,由8、11脚输出PWM波形。本例采用单端输出方式,即输出控制引脚13接地,8脚和11脚并联输出。

③ 驱动电路。

驱动部分以功率型光耦TLP250为核心,实现强弱电间电气隔离,以提高系统的抗干扰能力。TLP250是一种可直接驱动小功率MOSFET和IGBT的功率型光耦,内置光耦的隔离电压可达2 500 V,可以单电源或双电源工作,引脚5可以分别接电源地或负电源。单电源工作时,电源电压为10~35 V。驱动输出的上升和下降时间均小于0.5 μs,工作频率为25 kHz,输出最小电流为±0.5 A,可以直接驱动50 A/1 200 V以内的IGBT器件,最大驱动能力达1.5 A。驱动电路如图3.36所示,其中,R_9的取值为50~100 Ω,R_{10}为10 kΩ。

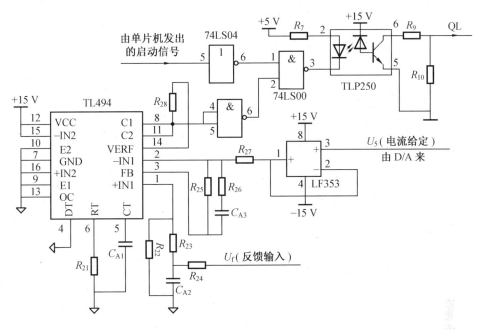

图 3.36 PWM 生成及驱动

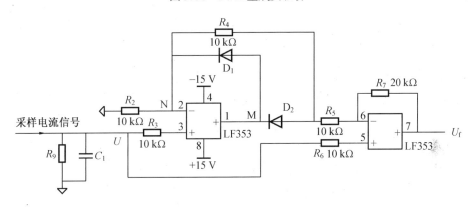

图 3.37 电流精密全波整流电路

(3)电流检测环节。

系统采用精密全波整流电路作为电流检测环节。如图 3.37 所示,电动机绕组电流经采样电阻 R_9 转变为电压信号,再通过精密全波整流电路进行整流。精密全波整流电路原理为:当 i_M 为正时,图中第一个 LF353 同相端电位比反相端高,故 M 点电位比 N 点高,这时候二极管 D_1 导通,等效电路图如图 3.38(a)所示;反之当 i_U 为负时,图 3.37 中第一个 LF353 同相端电位比反相端低,故 M 点电位比 N 点低,这时二极管 D_2 导通,等效电路如图 3.38(b)所示。

在图 3.38(a)中,由于 M、L 点等电位,故输出等于输入;在图 3.38(b)中,M 点电位为 $2i_U$,L 点电位为 i_U,则输出为 $-i_U$,这样一来就构成了全波整流电路(绝对值电路)。

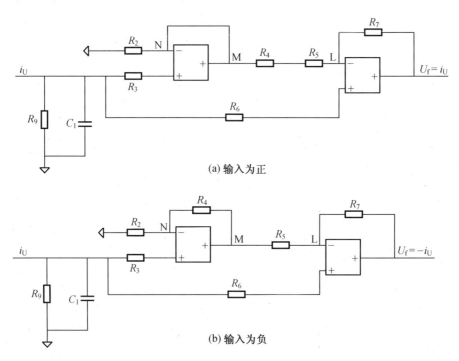

(a) 输入为正

(b) 输入为负

图 3.38 精密全波整流电路等效电路图

习　　题

1. 说明调速的含义。
2. 什么是调速范围、转差率？二者之间存在什么样的关系？
3. 机械特性的含义？
4. 什么是固有特性？什么是人为特性？
5. 直流电动机的调速方法有哪几种？
6. 说明在直流电动机调速系统中,静态和动态指标分别是什么。
7. 3 种直流电动机调速方式的机械特性是什么？
8. 利用图 3.16 说明采用转速负反馈单闭环调速系统的工作机理。
9. 利用图 3.27 说明无静差调速系统突加负载时的调节过程。
10. 利用图 3.28 说明转速、电流双闭环调速系统的工作机理。
11. 利用图 3.34 说明单相 PWM 直流调速的工作机理。

第4章 异步电动机控制

交流异步电动机因为结构简单、体积小、质量轻、价格便宜、维护方便的特点,在生产和生活中得到了广泛应用。与其他电动机相比,交流异步电动机的市场占有量始终居第一位。

直到20世纪70年代,由于计算机的产生以及40多年来新型电力电子元件的出现,使得交流异步电动机的调速成为可能,并得到迅速普及。目前,交流异步电动机调速系统已经广泛应用于数控机床、风机、泵类、传送带、给料系统、空调器等设备,并起到节约电能,提高设备自动化,提高产品产量和质量的作用。

本章将详细介绍异步电动机调压调速、串级调速、变压变频调速以及交流矢量控制等。

4.1 交流调速系统的分类

异步电动机的转速表达式为

$$n = n_0(1-s) = \frac{60f}{p_n}(1-s) \tag{4.1}$$

式中 n_0——同步转速,r/min;
f——定子电源频率,Hz;
p_n——极对数;
s——转差率。

式(4.1)表明,异步电动机的调速可以通过改变电源频率 f、极对数 p_n 以及转差率 s 来实现。

1. 按电动机参变量分类(表4.1)

表4.1 电动机分类

$$\begin{cases} \text{变频调速} \begin{cases} \text{交-交变频器调速} \\ \text{交-直-交变频器调速} \end{cases} \\ \text{变极调速} \\ \text{变转差率调速} \begin{cases} \text{调压调速} \\ \text{转子串电阻调速} \\ \text{串级调速} \end{cases} \end{cases}$$

(1)变频调速。

改变供电电源频率 f,同步转速 n_0 就随之变化,从而改变电动机转速。变频的调速范围宽、平滑性好、效率最高,并具有优良的动静态特性,是目前应用最广的一种高性能交流调速方式。变频调速的基本要求有以下两点:

①保持磁通为额定值。

为了充分利用铁心材料,在设计电动机时,一般将额定工作点选在磁化曲线开始弯曲处。因此,调速时希望保持每极磁通 Φ_m 为额定值,即 $\Phi_m = \Phi_{mN}$。因为磁通增加,将引起铁芯的过饱和,磁路电流急剧增加,导致绕组过热,功率因数降低;而磁通减少,将使电动机输出转矩下降,如果负载转矩仍维持不变,势必导致定、转子过电流,也要产生过热,故而希望保持磁通恒定,即实现恒磁通调速。

②保持电压为额定值。

在额定频率(基频)以上调速时,鉴于电动机绕组是按额定电压等级设计的,超过额定电压运行时将受到绕组绝缘强度的限制,因此,定子电压不可能与频率成正比升高,只能保持在额定电压,即 $U_s = U_{sN}$。

(2)变极调速。

由式(4.1)可知,改变异步电动机的极对数,同步转速随之变化,因而改变了电动机的转速。这种方法适用于笼型异步电动机,因为笼型转子的极对数能随定子极对数的变化而变化,只需改变定子绕组的极对数即可。

变极原理:通过改变绕组连接方法,使流过线圈的电流反向,即可达到改变极对数的目的。将一相绕组分成两半,当两半绕组顺接串联时,在气隙中形成4极磁场,如果把其中一半绕组的电流反向,即把两半绕组反接串联或反接并联时,气隙中就形成2极磁场,同步转速将提高一倍。

(3)变转差率调速。

由式(4.1)可知,保持同步转速 n_0 不变,改变转差率 s,就可以改变电动机转速。

2. 按电动机中对转差功率 P_s 的不同处理分类

根据交流异步电动机的基本原理,从定子传入转子的电磁功率 P_m 可划分为两部分:一部分构成拖动负载的有效功率,有 $P_{mech} = (1-s)P_m$;另一部分为转差功率,有 $P_s = sP_m$,其与转差率 s 成正比。

前面提及的变频、变极调速,都是设法改变同步转速以达到调速目的。它们的共同特点是:无论调到高速或低速,转差功率仅仅由转子绕组铜损耗构成,其值基本上不变。故从能量转换角度看,又称为转差功率不变型,其效率最高。

变转差率调速则不同,其转差功率 P_s 与转差率 s 成正比地改变。根据转差功率是全部消耗还是回馈电网,又可将其分为转差功率消耗型和转差功率回馈型。转差功率消耗型有绕线转子串电阻调速、定子调压调速,由于全部转差功率都转换为热能白白消耗掉,故而效率最低。转差功率回馈型有串级调速与双馈调速,由于转差功率大部分能够回馈到电网,效率介于转差功率消耗型与不变型之间。

转差功率消耗型系统,P_s 全部转换成热能消耗在转子回路中,调压、串电阻调速方法属于这一类;转差功率回馈型调速系统,除转子铜耗外,大部分 P_s 通过变流装置转为有用功率,串级调速方法属于这一类;转差功率不变型调速系统,P_s 只有铜耗,且不论转速高低,P_s 基本不变,变极、变频调速方法属于这一类。

4.2 异步电动机调压调速

4.2.1 异步电动机调压调速电路

调压调速是异步电动机调速方法中比较简便的一种。由电力拖动原理可知,当异步电动机等效电路的参数不变时,在相同转速下,电磁转矩与定子电压的平方成正比。因此,改变定子电压就可以改变电动机的电磁转矩,即改变了机械特性。

过去改变交流电压的方法是采用自耦变压器或带直流磁化绕组的饱和电抗器,自从电力电子技术兴起以来,这类比较笨重的电磁装置就被晶闸管交流调压器取代了。目前,交流调压器一般用3个双向晶闸管或3对反并联晶闸管分别串接在三相电路中,如图4.1和图4.2所示。主电路接法有多种,采用相控改变输出电压。图4.2为采用单向晶闸管反并联的异步电动机可逆和制动电路,其中,晶闸管1～6控制电动机正转,反转时,可由晶闸管1、4和7～10控制。当需要能耗制动时,可以根据制动电路的要求选择某几个晶闸管不对称地工作,例如让1、2和6共3个器件导通,其余均关断,就可使定子绕组中流过半波直流电流,对旋转着的电动机转子产生制动作用。必要时,还可以在制动电路中串入电阻以限制制动电流。

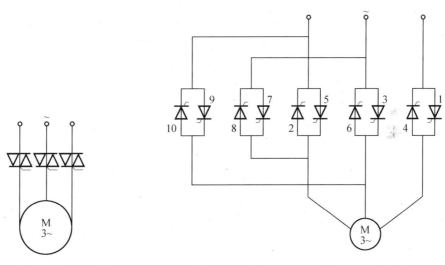

图 4.1 双向晶闸管构成的调压调速电路　　图 4.2 反并联晶闸管构成的调压调速电路

4.2.2 异步电动机改变电压时的机械特性

根据电机学原理,在忽略空间和时间谐波、磁饱和以及铁损时,异步电动机的稳态等效电路如图4.3所示。

图中,R_s、R_r'分别为定子每相电阻和折合到定子侧的转子每相电阻;L_{ls}、L_{lr}'分别为定子每相漏感和折合到定子侧的转子每相漏感;L_m分别为定子每相绕组产生气隙主磁通的等效电感,即励磁电感;U_s、ω_1分别为定子相电压和供电角频率;s为转差率。

由图 4.3 可以导出

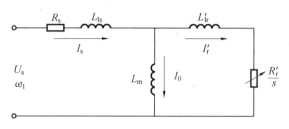

图 4.3 异步电动机的稳态等效电路

$$I'_r = \frac{U_s}{\sqrt{\left(R_s + C_1 \frac{R'_r}{s}\right)^2 + \omega_1^2 (L_{ls} + C_1 L'_{lr})^2}} \quad (4.2)$$

其中,$C_1 = 1 + \frac{R_s + j\omega_1 L_{ls}}{j\omega_1 L_m} \approx 1 + \frac{L_{ls}}{L_m}$。

在一般情况下,$L_m \gg L_{ls}$,则 $C_1 \approx 1$,这相当于忽略了铁损和励磁电流,这样,式(4.2)可简化为

$$I_s \approx I'_r = \frac{U_s}{\sqrt{\left(R_s + \frac{R'_r}{s}\right)^2 + \omega_1^2 (L_{ls} + L'_{lr})^2}} \quad (4.3)$$

令电磁功率 $P_m = 3I'^2_r R'_r/s$,同步机械角转速 $\omega_{m1} = \omega_1/p_n$,其中 p_n 为极对数,则异步电动机的电磁转矩为

$$T_e = \frac{P_m}{\omega_{m1}} = \frac{3p_n}{\omega_1} I'^2_r \frac{R'_r}{s} = \frac{3p_n U_s^2 R'_r/s}{\omega_1 \left[\left(R_s + \frac{R'_r}{s}\right)^2 + \omega_1^2 (L_{ls} + L'_{lr})^2\right]} \quad (4.4)$$

式(4.4)就是异步电动机的机械特性表达式。它表明,当转速或转差率 s 一定时,电磁转矩与定子电压的平方成正比。不同电压下的机械特性如图 4.4 所示,其中,U_{sN} 为额定电压。

将式(4.4)对 s 求导,并令 $dT_e/ds = 0$,可求出最大转矩及其对应的转差率

$$s_m = \frac{R'_r}{\sqrt{R_s^2 + \omega_1^2 (L_{ls} + L'_{lr})^2}} \quad (4.5)$$

$$T_{emax} = \frac{3p_n U_s^2}{2\omega_1 [R_s + \sqrt{R_s^2 + \omega_1^2 (L_{ls} + L'_{lr})^2}]} \quad (4.6)$$

由图 4.4 可知,带恒转矩负载工作时,普通笼型异步电动机改变电压时的稳定工作点为 A、B、C,转差率 s 的变化范围不超过 $0 \sim s_m$,调速范围有限。如果带风机泵类负载运行,则工作点为 D、E、F,调速范围可以大一些。为了能在恒转矩负载下扩大调速范围,并使电动机能在较低转速下运行而不过热,就要求电动机转子有较高的电阻值,这样的电动机在改变电压时的机械特性如图 4.5 所示。显然,带恒转矩负载时调压调速范围增大了,堵转工作也不至于烧坏电动机,这种电动机又称为交流力矩电动机。

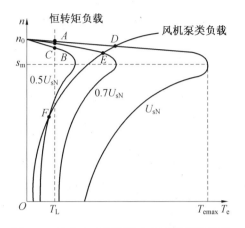
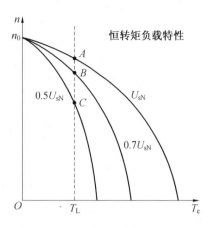

图4.4 异步电动机不同电压下的机械特性　图4.5 高转子电阻电动机在不同电压下的机械特性

4.2.3 转差功率损耗分析

异步电动机调压调速属于转差功率消耗型调速系统,究竟需要消耗多少转差功率是决定这类调速系统工作性能的重要因素。分析表明,转差功率损耗与系统的调速范围和所带负载的性质都有密切关系。

根据电机学原理,异步电动机的电磁功率为

$$P_\mathrm{m} = T_\mathrm{e}\omega_\mathrm{m1} = \frac{T_\mathrm{e}\omega_1}{p_\mathrm{n}} = \frac{T_\mathrm{e}\omega}{p_\mathrm{n}(1-s)} \tag{4.7}$$

若忽略机械损耗等因素的影响,不同性质的负载转矩可近似表示为

$$T_\mathrm{L} = C\omega^\alpha \tag{4.8}$$

其中,C 为常数,$\alpha=0$、1、2 时分别代表恒转矩负载、与转速成正比的负载、与转速平方成正比的负载(即风机泵类负载)。

图4.6 绘出了式(4.8)所表示的不同类型负载转矩特性,同时还绘出了异步电动机的调压机械特性。当 $U_\mathrm{s} = U_\mathrm{sN}$ 时,各类负载特性都通过机械特性的额定工作点。

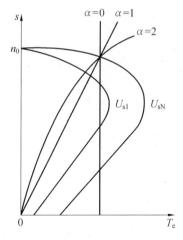

图4.6 不同类型的负载转矩特性和异步电动机的调压调速机械特性

当 $T_\mathrm{e} = T_\mathrm{L}$ 时,将式(4.8)代入式(4.7)得

$$P_m = \frac{C\omega^{\alpha+1}}{p_n(1-s)} = \frac{C}{p_n}(1-s)^\alpha \omega_1^{\alpha+1} \tag{4.9}$$

于是,转差功率为

$$P_s = sP_m = \frac{C}{p_n} s(1-s)^\alpha \omega_1^{\alpha+1} \tag{4.10}$$

输出的机械功率为

$$P_2 \approx (1-s)P_m = \frac{C}{p_n}(1-s)^{\alpha+1} \omega_1^{\alpha+1} \tag{4.11}$$

当 $s=0$ 时,全部电磁功率都输出(假定这是可能的),这时输出功率最大,为

$$P_{2max} = \frac{C}{p_n} \omega_1^{\alpha+1}$$

以 P_{2max} 为基准值,定义转差功率损耗系数为 σ,则

$$\sigma = \frac{P_s}{P_{2max}} = s(1-s)^\alpha \tag{4.12}$$

σ 就是标志转差功率损耗大小的指标。按式(4.12)绘出不同类型负载的转差功率损耗系数 σ 与转差率 s 的关系曲线如图 4.7 所示。

图 4.7 表明,对于恒转矩负载,$\alpha=0$,转差功率损耗系数 σ 与 s 成正比。当 $\alpha=1$ 或 $\alpha=2$ 时,在 $s=0$ 和 $s=1$ 处都有 $\sigma=0$,而在其间的某一 s 值时 σ 为最大。为了求出最大值 σ_{max},将式(4.12)对 s 求导,并令其导数等于零,则

$$\frac{d\sigma}{ds} = (1-s)^\alpha - \alpha s(1-s)^{\alpha-1} = (1-s)^{\alpha-1}[1-(1+\alpha)s] = 0$$

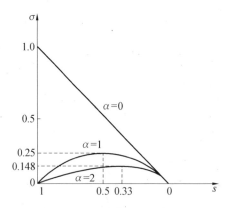

图 4.7 不同类型负载时转差功率损耗系数与转差率的关系曲线

对应于 σ_{max} 的转差率为

$$s_m = \frac{1}{1+\alpha} \tag{4.13}$$

将式(4.13)代入式(4.12),则最大转差功率损耗系数为

$$\sigma_{max} = \frac{\alpha^\alpha}{(1+\alpha)^{\alpha+1}} \tag{4.14}$$

当 $\alpha=1、2$ 时,由式(4.13)和(4.14)可计算出不同类型负载下的 s_m 和 σ_{max} 值,见表4.2。当 $\alpha=0$ 时,可用式(4.12)直接计算。

表4.2 不同类型负载时的 s_m 和 σ_{max} 值

α	0	1	2
s_m	1	0.5	0.33
σ_{max}	1	0.25	0.148

综上所述,可以得出如下结论:

(1)对于恒转矩负载($\alpha=0$),σ 和 s 成正比,转速越低时,转差功率损耗越大,这时调压调速的异步电动机不宜长期低速运行。

(2)对于转矩与转速成正比的负载($\alpha=1$),当 $s=0.5$ 时,转差功率损耗系数最大,其值为 $\sigma_{max}=0.25$。

(3)对于风机泵类负载($\alpha=2$),当 $s=0.33$ 时,最大的转差功率系数也只有0.148,在整个 $s=0\sim1$ 区间 σ 值都较小,可见,调压调速对风机泵类负载还是比较适宜的。

4.2.4 异步电动机调压调速控制举例

1. 采用晶闸管控制的单相异步电动机调压调速

单相异步电动机具有结构简单、成本低廉、运行可靠等优点,因而在小功率自动控制装置中得到了广泛应用。但是,由于单相异步电动机自身没有启动能力即启动转矩为零,所以要对单相异步电动机进行调速,必须对电动机产生启动转矩采取合适的方法。

(1)单相异步电动机调速原理。

单相异步电动机接线原理如图4.8所示。电动机定子上有两个绕组 AX 和 BY,分别称为主绕组和副绕组,其轴线在空间相互垂直,且在各绕组之间串有电容 C,选择适当的参数能使两个绕组中的电流产生90°的相位差,实现电动机自启动。当电动机的接线方式如图4.8所示时,即开关 Q 在 S 位置,由于电容 C 与绕组 BY 串联,通电后绕组 BY 中的电流超前绕组 AX 中的电流一定电角度,电动机正转;反之,当 Q 在 T 位置时,电动机反转。

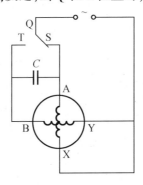

图4.8 单相异步电动机接线原理图

单相异步电动机常用的调速方法有调压调速、变极调速和变频调速3种方式。对于小功率系统,变频调速成本比较高,变极调速只能调定几个固定的速度,而调压调速不仅成本低,还可以实现速度连续可调,所以采用调压调速。

(2)调速系统组成。

对于调压调速方式,采用双向晶闸管调压。在调压调速方式下,异步电动机在轻载时,即使外加电压变化很大,转速变化也很小;而在重载时,如果降低供电电压,则转速下降很快,甚至停转,从而引起电动机过热甚至烧坏。为了既能保证低速时的机械特性硬度,又能保证一定的负载能力,故采用转速负反馈构成闭环系统。系统结构原理如图4.9所示,码盘测得的电动机转速经过整形电路、频压转换电路后作为反馈信号,给定电压与此信号做减法,其偏差值经PI调节器送给晶闸管调压电路驱动电动机转动,构成一个闭环调速系统。

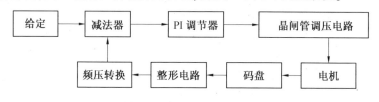

图4.9 交流调速原理框图

① PI 调节器。

在自动控制系统中,PID 调节器是应用广泛的校正装置。系统采用了 PI 调节器,没有加入微分环节,微分环节虽然能改善系统的动态响应特性,但同时也容易产生振荡。对于快速性要求不高的场合,比例积分环节已经能够满足系统的要求,即用比例环节尽量保证系统的快速性,积分环节消除系统的稳态误差。

② 触发及驱动电路。

如图 4.10 所示,驱动主回路采用双向可控硅驱动交流电动机。触发电路采用单相全桥整流电路、两级比较器和脉冲变压器给可控硅提供触发信号。交流信号经全桥整流后与 2 脚固定的电压相比较,在 LM393 的 1 脚由于电容的充放电形成 100 Hz 的锯齿波。比较器 1 脚输出的锯齿波与 PI 调节器输出的 U_o 比较,在比较器 7 脚产生宽脉冲触发信号。通过改变比较器 6 脚输入电压的大小,就可以改变双向晶闸管的导通角,实现交流调压。

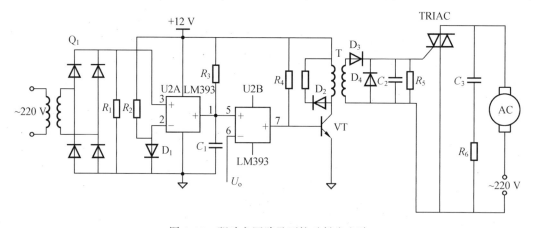

图4.10 驱动主回路及可控硅触发电路

③ 速度反馈。

速度反馈由码盘加光电对管、整形电路和频压转换电路3部分组成。由于码盘得到的方波信号不规则,所以电路中设计了整形电路,把不规则的方波变为规则的方波,用于后级的频压转换电路。经频压转换后得到的电压信号作为速度反馈。

(3)正反转控制电路。

电容运转式单相异步电动机的正反转控制是通过切换电容 C 实现的。为此,设计出如图

4.11 所示的电路,信号变换电路由绝对值电路、滞环电压比较器和继电器等组成。继电器的 3 个输出端 A、B、C 分别与电容运转式异步电动机的绕组和交流 220 V 电压相连。

由于给定信号 U_i 为 $-5 \sim +5$ V,而调压电路要求输入信号为单极性,所以选用如图 4.11 所示的绝对值电路。绝对值电路由两个运算放大器(U2A、U2B)、4 个二极管($D_1 \sim D_4$)和 5 个电阻($R_4 \sim R_8$)组成。当输入信号为负时,D_1、D_4 截止,D_2、D_3 导通,U2A、R_4 和 R_5 组成反向器,所以 $U_o = -U_i R_4 / R_5$,当 $R_4 = R_5$ 时,$U_o = -U_i$;当输入信号为正时,D_1、D_4 导通,D_2、D_3 截止,U2B 为电压跟随器,所以 $U_o = U_i$。

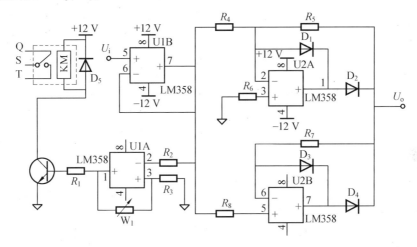

图 4.11 绝对值电路及方向信号的获取

采用调压调速的方法在低速运行时,可能引起电动机过热,但对于短时间工作于低速区的情况,应用书中介绍的调速系统可以得到比较好的调速特性,适用于调速精度不高的场合。

2. 简易的三相异步电动机调压调速系统

(1)总体电路及原理。

如图 4.12 所示为简易异步电动机调压调速系统总体电路图,它包括脉冲形成及调宽电路、IGBT 驱动电路以及由一只功率开关管 VT 和 6 只整流二极管组成的调压主电路。VT 受控制信号的控制,以一定的频率和占空比开通关断。当 VT 开通时,异步电动机定子三相绕组相当于星形接法;当 VT 关断时,加在定子三相绕组上的电压均为零,所以通过控制 VT 的占空比,即可控制异步电动机定子三相绕组上的电压,从而达到调速的目的。

(2)脉冲形成及脉宽调制电路。

该调速电路采用了一片 TL494 来产生一定频率的锯齿波信号。芯片的 5、6 引脚分别接振荡器的电阻电容,通过改变电阻或电容的大小,即可调节振荡频率。生成的锯齿波信号再与给定信号进行比较生成占空比可调的 PWM 波信号。

(3)功率驱动电路。

功率驱动电路及实测信号如图 4.13 所示。

(4)主电路。

如图 4.12 所示,当 VT 关断时,桥臂两端电压 $U_d = 2.34 \times 220$ V $= 515$ V,所以整流二极管和 VT 的耐压应选择在 1 000 V 以上,二极管和 VT 的最大电流需根据电动机的容量适当选大一些。电路中还有由 R_2、C、VD_2 组成的缓冲网络以吸收电压尖峰。当 VT 关断时,电源通过二极管VD_2 向电容 C 充电,并且存储在电动机绕组中的能量也要向电容 C 充电;当 VT 开通时,电容 C 通过电阻 R_2 经 VT 放电。

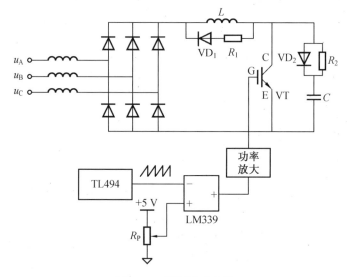

图 4.12 调压调速电路

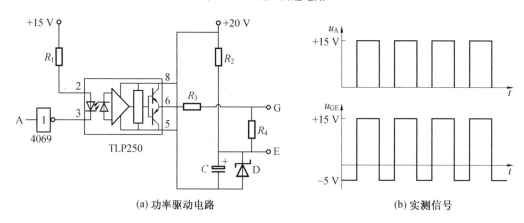

(a) 功率驱动电路　　　　　　　　(b) 实测信号

图 4.13 功率驱动电路及实测信号

4.3 异步电动机的串级调速系统

4.3.1 串级调速原理

交流电力拖动系统都是从电动机的定子侧引入控制变量以改变电动机的转速(如只改变定子供电电压或同时改变定子供电电压和频率等),这对于转子处于短路状态的交流笼型转子异步电动机是唯一可行的途径。对于本节讨论的对象——绕线转子异步电动机,由于其转子绕组能通过滑环与外部电气设备相连接,所以除了可在其定子侧控制电压、频率以外,还可以在其转子侧引入控制变量以实现调速。异步电动机转子侧可调节的参数无非是电流、电动势、阻抗等。一般来说,稳态时转子电流是由负载大小决定的,并不能随意调节,而转子回路阻抗的调节属于耗能型调速法。所以就把注意力集中到调节转子电动势这个物理量上来。

1. 异步电动机转子附加电动势时的工作状态

异步电动机运行时其转子相电动势为

$$E_r = sE_{r0} \qquad (4.15)$$

式中　s——异步电动机的转差率;

　　　E_{r0}——绕线转子异步电动机在转子不动时的相电动势,或称开路电动势。

式(4.15)说明,转子电动势 E_r 值与其转差率 s 成正比,同时,它的频率 f_2 也与 s 成正比,$f_2 = sf_1$。当转子在正常接线时,转子相电流的方程式为

$$I_r = \frac{sE_{r0}}{\sqrt{R_r^2 + (sX_{r0})^2}}$$

式中　R_r——转子绕组每相电阻;

　　　X_{r0}——$s=1$ 时转子绕组每相漏抗。

现在设想在转子回路中引入一个可控的附加电动势 E_{add},并与转子相电动势 E_r 串联,E_{add} 应与 E_r 有相同的频率,方向可与 E_r 同相或反相,如图 4.14 所示,转子电路电流表达式为

$$I_r = \frac{sE_{r0} \pm E_{add}}{\sqrt{R_r^2 + (sX_{r0})^2}} \qquad (4.16)$$

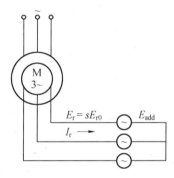

图 4.14　绕线转子异步电动机在附加电动势时的工作

当电力拖动的负载转矩 T_L 为恒定时,可以认为转子电流 I_r 不变。假设在未串入附加电动势 E_{add} 时,电动机在 $s=s_1$ 转差率下稳定运行。当加入反相的附加电动势 $-E_{add}$ 后,由于负载转矩恒定,由式(4.16)左边 I_r 恒定,可知电动机的转差率必须加大。这个过程也可描述为由于反相附加电动势 $-E_{add}$ 的引入瞬间,使转子回路总的电动势减少了,转子电流也随之减少,使电动机的电磁转矩也减少;由于负载力矩未变,所以电动机减速,直至 $s=s_2(s_2>s_1)$ 时,转子电流 I_r 恢复到原值,电动机进入新的稳定状态运行。此时,应有关系式

$$\frac{s_2 E_{r0} - E_{add}}{\sqrt{R_r^2 + (s_2 X_{r0})^2}} = I_r = \frac{s_1 E_{r0}}{\sqrt{R_r^2 + (s_1 X_{r0})^2}}$$

同理,加入同相附加电动势 $+E_{add}$ 可使电动机转速增加。可见,当绕线式异步电动机的转子侧引入一可控的附加电动势时,即可对电动机实现转速调节。

2. 附加电动势的获得与串级调速系统

在电动机转子中引入附加电动势固然可以改变电动机的转速,但由于电动机转子回路感应电动势 E_r 的频率随转差率变化,所以附加电动势的频率也必须能随电动机转速而变化。这

种调速方法就相当于在转子侧加入可变频、变压的调速方法。当然以上只是从原理上来分析，在工程上有各种实现方案。

实际系统中是把转子交流电动势整流成直流电动势，然后与一直流附加电动势进行比较，控制直流附加电动势的幅值，就可以调节电动机的转速。这样就把交流可变频率的问题转化为与频率无关的直流问题，使得分析与控制都方便多了。显然可以利用一整流装置把转子交流电动势整流成直流电动势，再利用晶闸管组成的可控整流装置来获得一个可调的直流电压作为转子回路的附加电动势。那么对这一直流附加电动势有什么技术要求呢？按前述，首先，它应该是平滑可调的，以满足对电动机转速的平滑调节；然后，从功率传递的角度来看，希望能吸收从电动机转子侧传递过来的转差功率并加以利用，譬如把能量回馈电网，这就可以大大提高调速的效率。根据上述两点，如果选择工作在逆变状态的晶闸管可控整流器，作为产生附加直流电动势的电源是完全能满足上述要求的。

图 4.15 为根据前面的讨论而组成的一种异步电动机串级调速的系统原理图。图中异步电动机 M 以转差率 s 运行，其转子电动势 sE_{r0} 经三相不可控整流装置 UR 整流，输出直流电压 U_d。工作在逆变状态的三相可控整流装置 UI 除提供一可调的直流电压 U_i 作为调速所需的附加电动势外，还可将经 UR 整流后输出的电动机转差功率逆变器回馈到交流电网。图中 TI 为逆变变压器，其功能将在后面讨论。L 为平波电抗器。两个整流装置的电压 U_d 与 U_i 的极性以及电流 I_d 的方向如图 4.15 所示，为此可在整流的转子直流回路中写出如下电压平衡方程式：

$$U_d = U_i + I_d R$$

或

$$K_1 s E_{r0} = K_2 U_{2T} \cos\beta + I_d R \tag{4.17}$$

式中　K_1、K_2——UR 与 UI 两个变流装置的整流系数，若两者都采用三相桥式电路，则 $K_1 = K_2 = 2.34$；

　　　　U_i——逆变器输出电压；

　　　　U_{2T}——逆变器 TI 的次级相电压；

　　　　β——晶闸管逆变角；

　　　　R——转子侧直流回路总电阻。

式(4.17)是在未考虑电动机转子绕组与逆变变压器的漏抗作用影响而写出的简化公式。从式中可以看出，U_d 是反映电动机转差率的量，I_d 与转子交流电流 I_r 有着固定的比例关系，可以近似地反映电动机电磁转矩的大小，控制晶闸管逆变角 β 可以调节逆变电压 U_i。

系统的调速原理如下：当电动机拖动恒转矩负载在稳态运行时，可以近似认为 I_d 为恒值。控制 β 使它增大，则逆变电压 U_i（相当于附加电动势）立即减小，但电动机转速因存在机械惯性尚未变化，所以 U_d 仍维持原值，根据式(4.17)就使转子直流回路电流 I_d 增大。相应转子电流 I_r 也增大，电动机就加速；在加速过程中转子整流电压 U_d 随之减小，又使电流 I_d 减小，直至 U_d 与 U_i 根据式(4.17)取得新的平衡，电动机仍进入新的稳定状态并以较高的转速运行；同理，减小 β 值可以使电动机在较低的转速下运行。以上就是以电力电子器件组成的绕线转子异步电动机串级调速系统的工作原理。从图 4.15 可以看出，它们构成了一个交-直-交变频器，但由于逆变器通过逆变变压器与交流电网相连，其输出的频率是固定的，所以实际上是一个有源逆变器。从这一点来说，这种调速系统可以看作电动机定子在恒压恒频供电下的转子变频调速系统。这种串级调速系统由于 β 值可平滑地连续调节，使得电动机转速也能被平滑连续地调节。另外,由于电动机的转差功率可以通过转子整流器变换为直流功率,再通过逆变器变换为交流功率而回馈到交流电网,因此,串级调速方法可称为转差功率回馈型的调速方法。

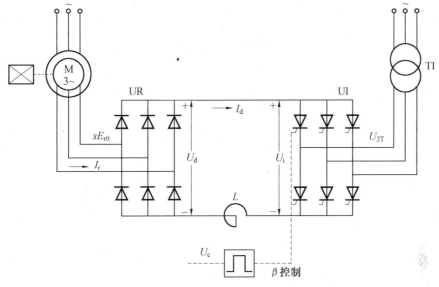

图 4.15 串级调速系统原理图

4.3.2 串级调速系统的其他类型

除了图 4.15 用三相桥式电路组成逆变器外,在中、小功率串级调速系统中,为了降低成本、简化线路,还可采用三相零式逆变电路,并采用进线电抗器以省去逆变变压器。其原理如图 4.16 所示。

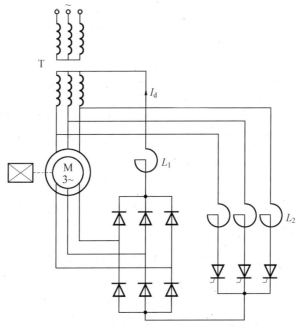

图 4.16 三相零式串级调速系统原理图

除上述串级调速系统以外,还有机械串级调速系统。系统的原理图如图 4.17 所示,图中拖动用异步电动机与一直流电动机同轴连接,共同作为负载的拖动电动机。交流绕线转子异步电动机的转差功率经整流器变换后输出给直流电动机,后者把这部分电功率转变为机械功率回馈到负载轴上。这样就相当于在负载上增加了一个拖动转矩,从而很好地利用了转差功率。只要改变直流电动机的励磁电流 i_f 就可调节交流电动机的转速。在稳定运行时,直流电动机的电动势 E 与转子整流电压 U_d 相平衡,如增大 i_f,则 E 相应增大,使直流回路电流 I_d 降低,电机减速,直到新的平衡状态,在较大的转差率下稳定运行;同理,如减小 i_f,则可使电动机在较高转速下运行。

这种机械串级调速系统需附加一台直流电动机,且直流电动机的功率随调速范围的扩大也相应增大,由于这个缺点,机械串级调速系统目前较少被采用。

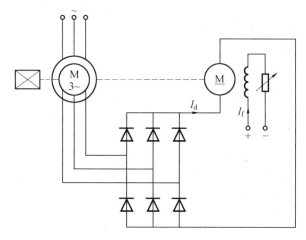

图 4.17 机械串级调速系统

4.4 异步电动机变压变频调速系统(VVVF 系统)

在各种异步电动机调速系统中,效率最高、性能最好的系统是变压变频系统,需同时调节定子电源的电压和频率,在这种情况下,机械特性基本上平行移动,而转差功率基本不变,该方式是当今交流调速的发展方向。

4.4.1 变频调速的基本控制方式

在进行电动机调速时,通常要考虑的一个重要因素是希望保持电动机中每极磁通量 Φ_m 为额定值并保持不变。在交流异步电动机中,磁通是定子和转子磁动势合成产生的,如何保持磁通恒定,就需要认真研究了。

我们知道,三相异步电动机定子每相电动势的有效值是

$$E_g = 4.44 f_1 N_s k_{Ns} \Phi_m \tag{4.18}$$

式中　E_g——气隙磁通在定子每相中感应电动势的有效值,V;

　　　f_1——定子电源频率,Hz;

　　　N_s——定子每相绕组串联匝数;

k_{Ns}——基波绕组系数;

Φ_m——每极气隙磁通量,Wb。

由式(4.18)可知,气隙磁通 Φ_m 将随着频率 f_1 的升高而反比例下降,类似于直流电动机的弱磁升速。只要控制好 E_g 和 f_1,便可达到控制磁通 Φ_m 的目的,对此,需要考虑基频(额定频率)以下调速和基频以上调速两种情况。

1. 基频以下调速

由式(4.18)可知,要保持 Φ_m 不变,当频率 f_1 从额定值 f_{1N} 向下调节时,必须同时降低 E_g,使

$$\frac{E_g}{f_1} = 常值 \tag{4.19}$$

即采用恒定的电动势频率比的控制方式。

然而,绕组中的感应电动势是难以直接控制的,当电动势值较高时,可以忽略定子绕组的漏磁阻抗压降,而认为定子相电压 $U_s \approx E_g$,则得

$$\frac{U_s}{f_1} = 常值 \tag{4.20}$$

这是恒压频比的控制方法。

低频时,U_s 和 E_g 都较小,定子阻抗压降所占的分量就比较显著,不能再忽略。这时,可以人为地把电压 U_s 抬高一些,以便近似补偿定子压降。带定子压降补偿的恒压频比控制特性如图 4.18 中的直线 2 所示,无补偿的控制特性则为直线 1。

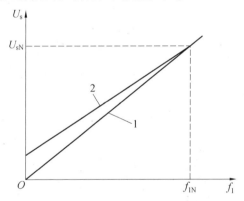

图 4.18 恒压频比控制特性
1—无补偿;2—带定子压降补偿

2. 基频以上调速

在基频以上调速时,频率可以从 f_{1N} 往上增高,但电压 U_s 却不能超过额定电压 U_{sN},最多只能保持 $U_s = U_{sN}$。由式(4.18)可知,这将迫使磁通与频率成反比地降低,相当于直流电动机弱磁升速的情况。

把基频以下调速和基频以上调速两种情况结合起来,可得图 4.19 所示的异步电动机变压变频调速控制特性。按照电气传动原理,在基频以下,磁通恒定时转矩也恒定,属于"恒转矩调速"性质;而在基频以上调速,转速升高时转矩降低,基本上属于"恒功率调速"。

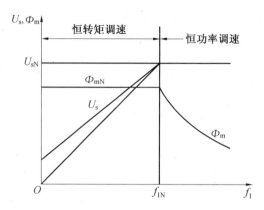

图 4.19 异步电动机变压变频调速控制特性

4.4.2 异步电动机电压、频率协调控制的机械特性

1. 正弦波恒压恒频供电时感应电动机的机械特性

我们知道,异步电动机在正弦波恒压恒频供电下的机械特性方程式为

$$T_e = \frac{P_m}{\omega_{m1}} = \frac{3p_n}{\omega_1} I_r'^2 \frac{R_r'}{s} = \frac{3p_n U_s^2 R_r'/s}{\omega_1 \left[\left(R_s + \frac{R_r'}{s}\right)^2 + \omega_1^2 (L_{ls} + L_{lr}')^2\right]} \quad (4.21)$$

式中 U_s——定子电压;

ω_1——电源角频率。

当 U_s、ω_1 都为恒定值时,式(4.21)可以改写成

$$T_e = 3p_n \left(\frac{U_s}{\omega_1}\right)^2 \frac{s\omega_1 R_r'}{(sR_s + R_r')^2 + s^2\omega_1^2(L_{ls} + L_{lr}')^2} \quad (4.22)$$

当 s 很小时,可忽略上式分母中含 s 的各项,则有

$$T_e \approx 3p_n \left(\frac{U_s}{\omega_1}\right)^2 \frac{s\omega_1}{R_r'} \propto s \quad (4.23)$$

即 s 很小时,转矩近似与 s 成正比,机械特性 $T_e = f(s)$ 是一段直线,如图 4.20 所示。

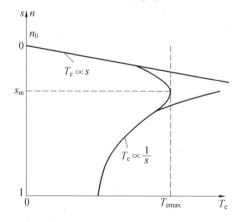

图 4.20 恒压恒频时异步电动机的机械特性

当 s 接近于 1 时,可忽略式(4.22)分母中的 R_r',则有

$$T_e \approx 3p_n \left(\frac{U_s}{\omega_1}\right)^2 \frac{\omega_1 R_r'}{s[R_s^2 + \omega_1^2(L_{ls}+L_{lr}')^2]} \propto \frac{1}{s} \qquad (4.24)$$

即 s 接近 1 时转矩近似与 s 成反比,这时,$T_e = f(s)$ 是对称于原点的一段双曲线。

当 s 为以上两段的中间数据时,机械特性从直线段逐渐过渡到双曲线,如图 4.20 所示。

2. 基频以下电压、频率协调控制时的机械特性

由式(4.22)的机械特性方程式可以看出,对于同一组转矩 T_e 和转速 n(或转差率 s)的要求,电压 U_s 和频率 ω_1 可以有多种配合,在 U_s 和 ω_1 的不同配合下机械特性也是不一样的,因此,可以有不同方式的电压、频率协调控制。

(1) 恒压频比控制($U_s/\omega_1 =$ 恒值)。

在 4.4.1 小节中已经指出,为了近似地保持气隙磁通 Φ_m 不变,以便充分利用电动机铁芯,在基频以下须采用恒压频比控制。这时,同步转速自然要随频率变化。

$$n_0 = \frac{60\omega_1}{2\pi p_n} \qquad (4.25)$$

式中 n_0——同步转速,r/min。

因此,带负载的转速降落为

$$\Delta n = sn_0 = \frac{60}{2\pi p_n} s\omega_1 \qquad (4.26)$$

式中 Δn——转速降落,r/min。

在式(4.23)所表示的机械特性的近似直线段上,可以导出

$$s\omega_1 \approx \frac{R_r' T_e}{3p_n \left(\frac{U_s}{\omega_1}\right)^2} \qquad (4.27)$$

由此可见,当 U_s/ω_1 为恒值时,对于同一转矩 T_e,$s\omega_1$ 是基本不变的,因而 Δn 也是基本不变的。这就是说,在恒压频比条件下改变频率时,机械特性基本上是平行移动的,如图 4.21 所示。它们和他励直流电动机变压调速时特性的变化情况相似,所不同的是,当转矩增大到最大值以后,转速再降低,特性就折回来了,而且频率越低时最大转矩越小。对式(4.6)加以整理,就可看出最大转矩 T_{emax} 随角频率 ω_1 的变化关系为

$$T_{emax} = \frac{3}{2} p_n \left(\frac{U_s}{\omega_1}\right)^2 \frac{1}{\frac{R_s}{\omega_1} + \sqrt{\left(\frac{R_s}{\omega_1}\right)^2 + (L_{ls}+L_{lr}')^2}} \qquad (4.28)$$

可见 T_{emax} 是随着 ω_1 的降低而减小的。当频率很低时 T_{emax} 太小,将限制调速系统的带载能力。因此采用定子压降补偿,适当地提高电压 U_s,可以增强带载能力。

(2) 恒 E_g/ω_1 控制。

图 4.22 绘出了异步电动机的稳态等效电路,图中几处感应电动势的意义如下:

E_g——气隙磁通在定子每相绕组中的感应电动势;

E_s——定子全磁通的感应电动势;

E_r——转子全磁通的感应电动势(折合到定子边)。

如果在电压、频率协调控制中,恰当地提高电压 U_s 的分量,使它在克服定子阻抗压降以后,能维持 E_g/ω_1 为恒值(基频以下),则由式(4.28)可知,无论频率高低,每极磁通 Φ_m 均为常值,且由图 4.22 的等效电路可以得到

$$I'_r = \frac{E_g}{\sqrt{\left(\frac{R'_2}{s}\right)^2 + \omega_1^2 L'^2_{lr}}} \tag{4.29}$$

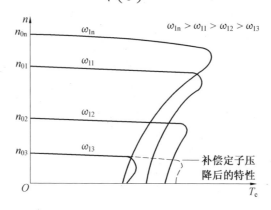

图 4.21 恒压频比控制时变频调速的机械特性

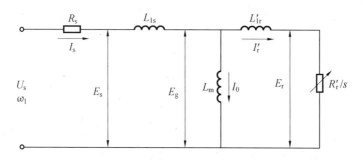

图 4.22 异步电动机稳态等效电路和感应电动势

将它代入电磁转矩基本关系式,得到

$$T_e = \frac{3p_n}{\omega_1} \cdot \frac{E_g^2}{\left(\frac{R'_r}{s}\right)^2 + \omega_1^2 L'^2_{lr}} \cdot \frac{R'_r}{s} = 3p_n \left(\frac{E_g}{\omega_1}\right)^2 \frac{s\omega_1 R'_r}{R'^2_r + s^2 \omega_1^2 L'^2_{lr}} \tag{4.30}$$

这就是恒 E_g/ω_1 时的机械特性方程。

利用与以前相似的分析方法,当 s 很小时,可忽略式(4.30)分母中含 s^2 的项,则

$$T_e \approx 3p_n \left(\frac{E_g}{\omega_1}\right)^2 \frac{s\omega_1}{R'_r} \propto s \tag{4.31}$$

这表明机械特性的这一段近似为一条直线。当 s 接近于 1 时,可忽略式(4.30)分母中的 $R_r'^2$ 项,则

$$T_e \approx 3p_n \left(\frac{E_g}{\omega_1}\right)^2 \frac{R_r'}{s\omega_1 L_{lr}'^2} \propto \frac{1}{s} \tag{4.32}$$

式(4.32),是一段双曲线。

s 值为上述两段的中间值时,机械特性在直线和双曲线之间逐渐过渡,整条特性与恒压频比特性相似。但是,对比式(4.31)和式(4.32)可以看出,恒 E_g/ω_1 特性分母中含 s 项的参数要小于恒 U_s/ω_1 特性中的同类项,也就是说,s 要更大一些才能使该项占有显著的分量,从而不能被忽略,因此恒 E_g/ω_1 特性的线性段范围更宽。图 4.23 中绘出了不同控制方式时的机械特性。

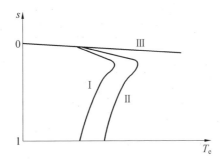

图 4.23 不同电压、频率协调控制方式时的机械特性
Ⅰ—恒 U_s/ω_1 控制;Ⅱ—恒 E_g/ω_1 控制;Ⅲ—恒 E_r/ω_1 控制

在式(4.30)中对 s 求导,并令 $dT_e/ds=0$,可得恒 E_g/ω_1 特性在最大转矩时的转差率和最大转矩分别为

$$s_m = \frac{R_r'}{\omega_1 L_{lr}'} \tag{4.33}$$

$$T_{emax} = \frac{3}{2} p_n \left(\frac{E_g}{\omega_1}\right)^2 \frac{1}{L_{lr}'} \tag{4.34}$$

值得注意的是,在式(4.34)中,当 E_g/ω_1 为恒值时,T_{emax} 恒定不变。可见恒 E_g/ω_1 控制的稳态性能是优于恒 U_s/ω_1 控制的,这正是恒 U_s/ω_1 控制中补偿定子压降所追求的目标。

(3) 恒 E_r/ω_1 控制。

如果把电压、频率协调控制中的电压 U_s 进一步再提高一些,把转子漏抗上的压降也抵消掉,便得到恒 E_r/ω_1 控制。由图 4.22 可写出

$$I_r' = \frac{E_r}{R_r'/s}$$

代入电磁转矩基本关系式,得

$$T_e = \frac{3p_n}{\omega_1} \cdot \frac{E_r^2}{\left(\frac{R_r'}{s}\right)^2} \cdot \frac{R_r'}{s} = 3p_n \left(\frac{E_r}{\omega_1}\right)^2 \cdot \frac{s\omega_1}{R_r'} \tag{4.35}$$

不必再做任何近似就可知道,这时的机械特性 $T_e=f(s)$ 完全是一条直线。显然,恒 E_r/ω_1 控制的稳态性能最好,可以获得和直流电动机一样的线性机械特性。这正是高性能交流变频调速所要求的性能。

那么,如何才能通过控制变频装置的电压和频率获得恒定的 E_r/ω_1 呢?

按照电动势和磁通的关系,可以看出,当频率恒定时,电动势与磁通成正比。在式(4.35)中气隙磁通的感应电动势 E_g 对应气隙磁通幅值 Φ_m,那么,转子全磁通的感应电动势 E_r 就应该对应于转子全磁通幅值 Φ_{rm}。

$$E_r = 4.44 f_1 N_s k_{Ns} \Phi_{rm}$$

由此可见,只要能够按照转子全磁通幅值 $\Phi_{rm}=$ 恒值进行控制,就可以获得恒 E_r/ω_1 控制了。

电压 U_s 和频率 ω_1 是变频器-异步电动机系统的两个独立的控制变量,在变频调速时需要对这两个控制变量进行协调控制。

恒压频比控制($U_s/\omega_1=$ 恒值)最容易实现,它的人为机械特性基本上是平行下移的,硬度也较好,能够满足一般的调速要求,但低速时的带载能力较差,需对定子压降进行补偿。

恒 E_g/ω_1 控制是恒压频比控制($U_s/\omega_1=$ 恒值)的目标,可以在稳态时达到 $\Phi_m=$ 恒值,从而改善低速性能。但是,它的机械特性还是非线性的,产生转矩的能力仍受到限制。

恒 E_r/ω_1 控制可以得到和他励直流电动机一样的线性机械特性,按照转子全磁通 Φ_{rm} 恒定进行控制,即得 $E_r/\omega_1=$ 恒值,在稳态和动态都能保持 Φ_{rm} 恒定,是矢量控制系统变频调速的目标,但该控制系统较复杂。

3. 基频以上变频调速时的机械特性

在基频 f_{1N} 以上变频调速时,由于电压 $U_s=U_{1N}$ 不变,式(4.32)的机械特性方程可以改写成

$$T_e = 3p_n U_{sN}^2 \frac{sR_2'}{\omega_1[(sR_s+R_r')^2+s^2\omega_1^2(L_{ls}+L_{lr}')^2]}$$

而式(4.28)的最大转矩表达式可改写成

$$T_{emax} = \frac{3}{2} p_n U_{sN}^2 \frac{1}{\omega_1[R_s+\sqrt{R_s^2+\omega_1^2(L_{ls}+L_{lr}')^2}]}$$

同步转速的表达式仍和式(4.35)一样。由此可见,当角频率提高时,同步转速随之提高,最大转矩减小,机械特性上移,其形状基本相似,如图4.24所示。

由于频率提高而电压不变,气隙磁场必然减弱,导致转矩减小,但转速升高了,可以认为输出功率基本不变。所以,基频以上变频调速属于弱磁恒功率调速。

最后,应该指出的是,以上所分析的机械特性都是在正弦波电压供电下的情况。如果电压源含有谐波,将使机械特性产生扭曲,并增加电动机中的损耗。因此,在设计变频装置时,应尽量减少输出电压中的谐波成分。

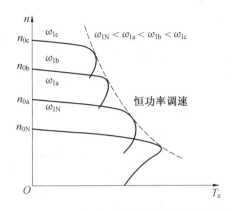

图 4.24　基频以上变频调速的机械特性

4.4.3　异步电动机变频调速举例

下面介绍一种完全用硬件电路实现的单相变频调速系统设计实例。该设计采用硬件电路实现了异步电动机的变频调速，设计巧妙，结构简单，经济实用。

1. 单相变频调速系统总体结构

单相变频调速系统原理框图如图 4.25 所示，其中为了保持信号同步采用了锁相环控制技术，数/模转换采用 8 位数/模转换器 DAC0832，转换后的电压信号与 TL494 产生的锯齿波进行比较产生 PWM 波。驱动电路采用美国国际整流器公司生产的大功率 MOSFET 和 IGBT 专用驱动集成电路 IR2130。

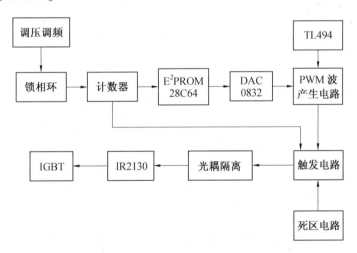

图 4.25　单相变频调速系统原理图

2. 调压调频电路

如图 4.26 所示，系统通过压控振荡器 IC2 进行频率给定，调节电位器 W_1 的电压大小可以调节 IC2 输出频率高低，即起到改变频率 f 的作用。

W_2 的作用是调节正弦波为 50 Hz 时幅值与锯齿波幅值最大值一致，即起到调节电压幅值

V 的作用。

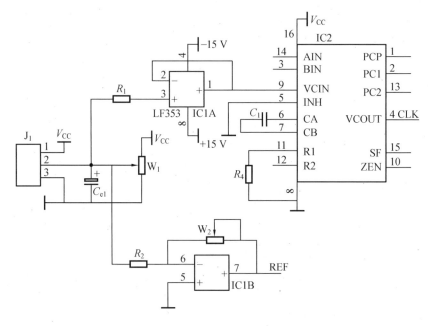

图 4.26 锁相环调压调频电路

3. PWM 波形产生电路

如图 4.27 所示，IC3 是计数器 4040，计锁相环输出的脉冲个数（IC2 的 4 脚输出接 IC3 的 10 脚）。IC3 的 12 脚输出方波每半周表示计了 256 个脉冲，代表正弦波的正负半周。

IC4 是 E2PROM28C64，内部存储一个正弦表，根据 IC3 输出来查取正弦表相对位置的值，并将相应的数据经 IC6（DAC0832）转换为模拟量。DAC0832 输出的是电流信号，一般要求输出是电压，所以还必须经过一个电阻 R_6 转变为电压信号，输入到 IC8A（LM339）的 5 脚与 IC8A 的 4 脚上的锯齿波进行比较。IC8A 的 4 脚上的锯齿波 ZP 是由 IC5（TL494）R_5 和 C_2 产生的。IC8A 的 2 脚输出 PWM 波。

4. 触发电路

如图 4.28 所示，R_{10}、C_4 和 R_{11}、C_5 为死区电路。IC10A、IC9B、IC13A、IC11A 为正半周触发电路，IC10B、IC9C、IC13B、IC11C 为负半周触发电路。

IC11A 的 2 脚输出是指用经斩波的正半周驱动信号来驱动功率管上桥 AH，IC11B 的 4 脚输出是指用未经斩波的正半周驱动信号来驱动功率管下桥 AL。同样，BH 和 BL 表示负半周的驱动信号。

5. 驱动电路

系统采用具有自举技术的集成驱动电路 IR2130，其连接电路参考第 2 章。

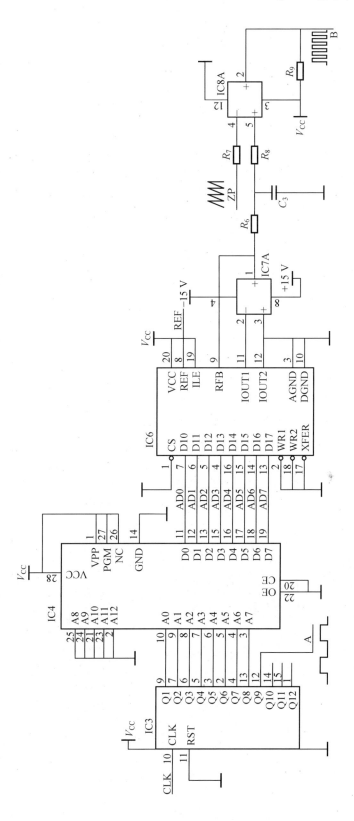

图 4.27 PWM 波形产生电路

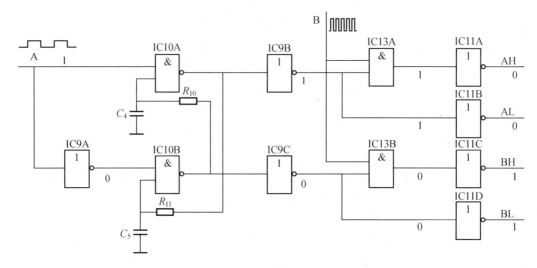

图4.28 触发电路

习 题

1. 感应电动机有几种调速方式?
2. 感应电动机在基速以下调速,为什么要保持气隙磁通恒定?
3. 感应电动机采用变压、变频调速,且 V/f_1 =恒值,试说明在低速采用电压补偿的原因。
4. 恒转矩、恒功率调速的含义是什么?
5. 风机和泵类负载为什么适合采用调压调速方式?
6. 按电动机中对转差功率 P_s 的不同处理,感应电动机的调速方式如何分类?
7. 画出感应电动机调压调速的人为特性曲线,并说明其特点。
8. 画出感应电动机转子串电阻调速的人为特性曲线,并说明其特点。
9. 分别画出 V/f_1 =恒值、E_g/f_1 =恒值、E_r/f_1 =恒值时的机械特性曲线?
10. 感应电动机变压、变频调速,V/f_1 =恒值,且低速时采用电压补偿方式,画出 0 Hz→10 Hz→20 Hz→30 Hz→40 Hz→50 Hz 的机械特性曲线。
11. 说明异步电动机串级调速的工作机理。

第5章 无刷直流电动机控制

5.1 无刷直流电动机的基本结构和工作原理

永磁无刷直流电动机(Permanent Magnet Brushless DC Motor)用电子换向装置替代了直流电动机的换向器,既具有交流电动机结构简单、运行可靠、维护方便的优点,又具有直流电动机启动转矩大、调速范围宽、控制电路简单的优点。

永磁无刷直流电动机自1962年问世以来,一直备受关注,但它的发展在很大程度上取决于永磁材料和电力电子技术的进步。在无刷直流电动机发展的早期,由于当时大功率开关器件仅处于初级发展阶段,可靠性差,价格昂贵,加上永磁材料和驱动控制技术水平的制约,使得无刷直流电动机在发明以后的一个相当长的时期内,性能都不够理想,只能停留在实验室阶段,无法推广使用。1970年以来,随着电力半导体工业的飞速发展,许多新型的全控型半导体功率器件(如GTR、MOSFET和IGBT等)相继问世,加之高磁能积永磁材料(如SmCo、NdFeB等)陆续出现,这些均为无刷直流电动机的广泛应用奠定了坚实基础,无刷直流电动机系统因此得到了迅速发展。

5.1.1 无刷直流电动机的基本结构

无刷直流电动机(Brushless DC Motor,BLDCM)是典型的机电一体化产品,它是由电动机本体、位置检测器、逆变器和控制器组成的自同步电动机系统或自控式变频同步电动机系统,如图5.1所示。位置检测器检测转子的磁极位置,控制器对转子位置进行逻辑处理并产生相应的开关信号,开关信号以一定的顺序触发逆变器中的功率开关器件,将电源功率以一定的逻辑关系分配给电动机定子的各相绕组,使电动机产生持续的转矩。

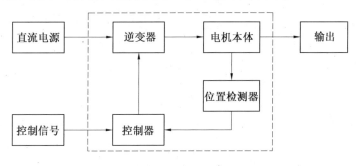

图5.1 无刷直流电动机系统的组成

1. 电动机本体

无刷直流电动机最初的设计思想来自普通的有刷直流电动机,不同的是将直流电动机的定、转子位置进行了互换。其转子由永磁材料制成,是具有一定磁极对数的永磁体;定子为电枢,有多相对称绕组。原直流电动机的电刷和机械换向器被逆变器和转子位置传感器所代替,所以无刷直流电动机的电动机本体实际上是一种永磁同步电动机,因此,无刷直流电动机也称永磁无刷直流电动机。

无刷直流电动机的基本结构如图5.2所示,定子结构与普通同步电动机或感应电动机相同,铁芯中嵌有多相对称绕组。绕组的相数有二、三、四、五相,但应用最多的是三相和四相。各相绕组分别与外部的功率开关器件相连,功率开关电路中的功率管受位置传感器的信号控制。无刷直流电动机的转子是由永磁材料制成、具有一定磁极对数的永磁体。与永磁同步伺服电动机非常类似,转子的结构分为两种:一种是将瓦片状的永磁体贴在转子外表面上,称为凸极式,如图5.3(a)所示;另一种是将永磁体内嵌到转子铁芯中,称为嵌入式,如图5.3(b)所示。但与永磁同步伺服电动机的转子有所区别,为了能产生梯形波感应电动势,无刷直流电动机转子磁钢的形状呈弧形,磁极下定转子气隙均匀,气隙磁场呈梯形分布。

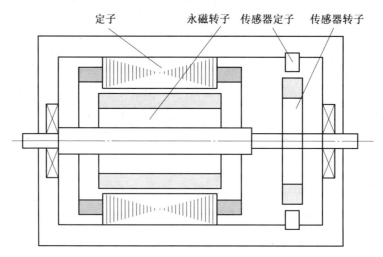

图5.2 无刷直流电动机结构示意图

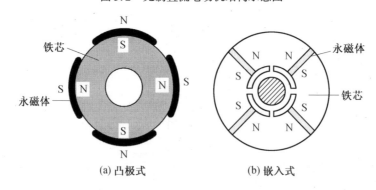

图5.3 永磁转子结构(两对磁极)

2. 逆变器

逆变器将直流电转换成交流电向电动机供电。与一般逆变器不同,它的输出频率不是独立调节的,而是受控于转子位置信号,是一个"自控式逆变器"。由于采用自控式逆变器,无刷直流电动机输入电流的频率和电动机转速始终保持同步,电动机不会产生振荡和失步,这也是无刷直流电动机的重要优点之一。

逆变器主电路有桥式和非桥式两种,电枢绕组既可以接成星形也可以接成角形;若电枢绕组只允许单方向通电,则属于半控型主电路;若电枢绕组允许双向通电,则属于全控型主电路。另外,无刷直流电动机逆变器的主开关一般采用 IGBT 或功率 MOSFET 等全控型器件,有些主电路已采用了集成的功率模块(PIC)和智能功率模块(IPM),选用这些模块可以提高系统的可靠性。

因此,无刷直流电动机选择组合方式多样,不同的组合会使电动机具有不同的性能和成本,这是每个应用系统设计者都要考虑的问题,而综合以下3个指标有助于做出正确选择:

(1) 绕组利用率。与普通直流电动机不同,无刷直流电动机的绕组是断续通电的。适当地提高绕组利用率可以使同时通电的导体数增加,电阻下降,效率提高。从这个角度来看,三相绕组优于四相和五相绕组。

(2) 转矩脉动。无刷直流电动机的输出转矩脉动比普通直流电动机的转矩脉动大。一般相数越多,转矩的脉动越小;采用桥式主电路比采用非桥式主电路时的转矩脉动小。

(3) 电路成本。相数越多,逆变器电路使用的开关管越多,成本越高。桥式主电路所用的开关管比半桥式多一倍,成本高;多相电动机的逆变器结构复杂,成本也高。

因此,目前以星形连接三相全桥驱动方式应用最多,在下一节中将以这一工作方式为例进行详细分析。

3. 位置检测器

位置检测器的作用是检测转子磁极相对于定子绕组的位置信号,为逆变器提供正确的换相信息。位置检测包括有位置传感器检测和无位置传感器检测两种方式。

转子位置传感器也由定子和转子两部分组成(图 5.2),其转子与电动机本体同轴,以跟踪电动机本体转子磁极的位置;其定子固定在电动机本体定子或端盖上,以检测和输出转子位置信号。转子位置传感器的种类包括磁敏式、电磁式、光电式、接近开关式、正余弦旋转变压器式以及编码器等。

在无刷直流电动机系统中安装机械式位置传感器解决了电动机转子位置的检测问题,但是位置传感器的存在增加了系统的成本和体积,降低了系统可靠性,限制了无刷直流电动机的应用范围,给电动机的制造工艺带来了不利的影响。因此,国内外对无刷直流电动机无转子位置传感器的运行方式进行了深入研究。

无机械式位置传感器转子位置检测技术,是通过检测和计算与转子位置有关的物理量间接地获得转子位置信息,主要有反电动势检测法、续流二极管工作状态检测法、定子三次谐波检测法和瞬时电压方程法等,但现有方法都存在各自的局限性,仍在不断完善之中。

4. 控制器

控制器是无刷直流电动机正常运行并实现各种调速功能的中心,主要完成以下功能:

(1) 对转子位置检测器输出的信号、PWM 调制信号、正反转和停车信号进行逻辑综合,为驱动电路提供各开关管的斩波信号和选通信号,实现电动机的正反转以及停车控制。

(2) 产生 PWM 调制信号,使电动机电压随给定速度信号变化,实现电动机开环调速。

(3) 对电动机进行速度闭环调节和电流闭环调节,使系统具有较好的动静态性能。

(4)短路、过流、过电压和欠电压等故障保护功能。

控制器的主要形式有分立元件加少量集成电路构成的模拟控制系统、基于专用集成电路的控制系统、数模混合控制系统和全数字控制系统。

5.1.2 无刷直流电动机的工作原理

如图 5.4 所示为三相无刷直流电动机系统,假定电动机转子只有一对磁极,定子绕组 A、B、C 三相星形连接,按每极每相 60°相带分布。位置传感器与电动机本体同轴,控制电路对位置信号进行逻辑变换后产生控制信号,经隔离、放大后驱动逆变器的功率开关管,使电动机的各相绕组按一定的顺序导通。

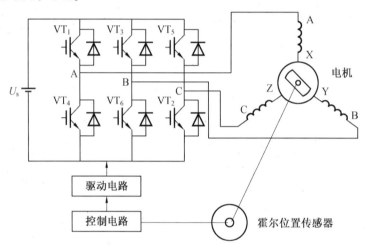

图 5.4 三相无刷直流电动机系统

假设当转子处于图 5.5(a)位置时为 0°,相带 X、B、Z 在 N 极下,相带 A、Y、C 在 S 极下,转子位置传感器输出的信号经控制电路逻辑变换后驱动逆变器,使 VT_1、VT_6 导通,即 A、B 两相绕组通电方式如图 5.4 示,电流从电源的正极流出,经 VT_1 流入 A 相绕组,再从 B 相绕组流出,经 VT_6 回到电源的负极。电枢绕组在空间产生的磁动势为图 5.5(a)中的 F_a,此时定子磁场 F_a 与转子磁场 F_r 相互作用,使电动机的转子顺时针转动。

当转过 60°角后,转子位置如图 5.5(b)所示,这时如果转子继续旋转下去就进入图 5.5(c)所示的位置,这样就会使同一磁极下的电枢绕组中有部分导体的电流方向不一致,它们相互抵消,削弱磁场,使电磁转矩减小。因此,为了避免出现这样的结果,当转子转到图 5.5(b)所示的位置时,就必须进行换相,使 B 相断电,A 相正向通电,C 相反向通电,如图 5.5(d)所示。

这样,转子继续旋转,转过 60°后,使转子位置传感器输出的信号经控制电路逻辑变换后驱动逆变器,使 VT_1、VT_2 导通,A、C 两相绕组通电方式如图 5.4 所示,电流从电源的正极流出,经 VT_1 流入 A 相绕组,再从 C 相绕组流出,经 VT_2 回到电源的负极。电枢绕组在空间产生的磁动势 F_a 如图 5.5(d)所示,此时定转子磁场相互作用,使电动机的转子继续逆时针转动。

转子继续旋转,转过 60°角后到图 5.5(e)所示位置,同上所述必须要进行换相,即 A 相断电,B 相正向通电,C 相反向通电。换相后如图 5.5(f)所示。

转子再转过 60°角,则再进行换相,使 C 相断电,A 相反向通电,如图 5.4(g)所示。如此下去,转子每转过 60°换相一次,相电流按图 5.5(a)、5.5(d)、5.5(f)、5.5(g)、5.5(h)、5.5(i)所示的顺序进行断电和通电,电动机就会平稳地旋转下去。

根据图 5.5 的换相顺序,三相星形连接全桥驱动的通电规律见表 5.1。

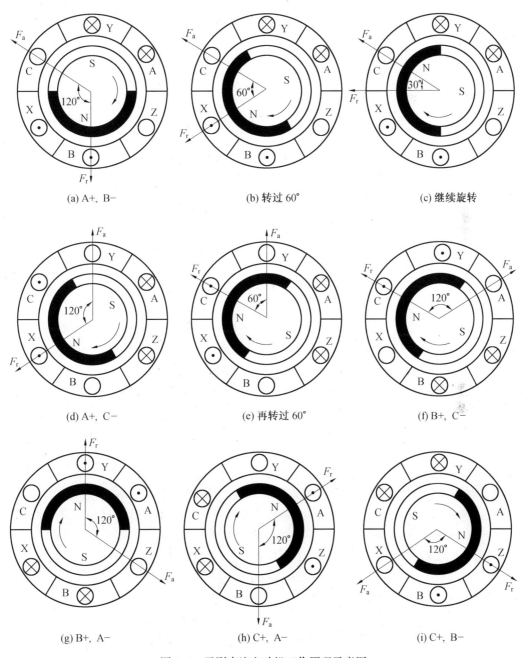

图 5.5 无刷直流电动机工作原理示意图

表5.1 三相星形联结全桥驱动的通电规律

通电顺序	顺时针					
转子位置电角度/(°)	0~60	60~120	120~180	180~240	240~300	300~360
开关管	1,6	1,2	3,2	3,4	5,4	5,6
A 相	+	+		−	−	
B 相	−		+	+		−
C 相		−	−		+	+
通电顺序	逆时针					
转子位置电角度/(°)	360~300	240~300	180~240	120~180	60~120	0~60
开关管	3,2	1,2	1,6	5,6	5,4	3,4
A 相		+	+	−	−	
B 相	+		−	−		+
C 相	−	−		+	+	

注:表中"+"表示正向通电;"−"表示反向通电

另外,按照图 5.5 的驱动方式就可以得到图 5.6 所示的波形。下面结合图 5.5 中电流波形来分析一下相绕组内感应电动势的波形。

在图 5.5(a)~图 5.5(b)的 60°电角度范围内,转子磁场沿顺时针方向连续旋转,而定子合成磁场在空间保持图 5.5(a)中 F_a 的位置静止。只有当转子磁场连续旋转 60°电角度,到达图 5.5(b)所示的 F_r 位置时,定子合成磁场才从图 5.5(a)中的 F_a 位置跳跃到图 5.5(d)中的 F_a 位置。可见,转子在空间每转过 60°电角度,逆变器开关就发生一次切换,定子绕组就进行一次换流,定子合成磁场的磁状态就发生一次跃变。定子合成磁场在空间不是连续旋转的,而是一种跳跃式旋转磁场,每个步进角是 60°电角度。电动机总共有 6 种磁状态,每一状态有两相导通,每相绕组的导通时间对应于转子旋转 120°电角度。把无刷直流电动机的这种工作方式称为两相导通三相六状态,这是无刷直流电动机最常用的一种工作方式。

以 A 相为例,并参照表 5.1,在转子位于 0°~120°区间内,相带 A 始终在 S 磁极下,相带 X 始终在 N 磁极下,所以感应电动势 e_A 是恒定的。在转子位于 120°~180°区间内,随着 A 相的断电,相带 A 和相带 X 分别同时逐渐全部进入 N 磁极下和 S 磁极下,实现换极。由于磁极的改变,使感应电动势的方向也随之改变,e_A 经过过零点后变成负值。在转子位于 180°~300°区间内,A 相反向通电,相带 A 和相带 X 仍然分别在 N 磁极下和 S 磁极下,获得恒定的负感应电动势。在转子位于 300°~360°区间内,A 相断电,相带 A 和相带 X 又进行换极,感应电动势的方向再次改变,e_A 经过过零点后变成正值。因此,感应电动势是梯形波,且其平顶部分恰好包含了 120°电流方波。转子每旋转一周,感应电动势变化一个周期。

对于 B 相和 C 相,感应电动势的波形也是如此,只不过在相位上分别滞后于 A 相 120°和 240°。实际上,感应电动势的梯形波形取决于转子永磁体磁场和定子绕组空间分布,以及两者的匹配情况。感应电动势的梯形波形有利于电动机产生一个恒定的转矩。由于在换相时电流不能突变,因此,实际的相电流波形不是纯粹方波,而是接近方波的梯形波,这会使产生的转矩除了平均转矩外,还有脉动分量。

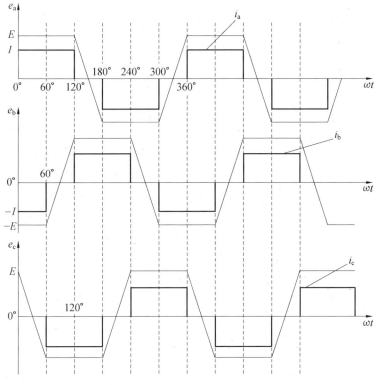

图 5.6 电流与感应电动势波形

5.2 无刷直流电动机的基本公式

5.2.1 无刷直流电动机的数学模型

无刷直流电动机是一种自控式变频调速系统,和一般变频控制器供电的交流电动机一样,是一个强耦合、多变量、非线性和时变的复杂系统。在设计其控制系统时,有必要先对其建模,在此基础上设计控制器并进行分析,才能获得满意的控制参数。

由上节分析可知,两相导通星形三相六状态工作方式控制简单、性能最好,所以这种工作方式最为常用。下面以两相导通星形三相六状态方式为例,分析无刷直流电动机的数学模型。

无刷直流电动机定子感应电动势为梯形波,绕组间的互感是非线性关系。因此,采用 PARK 变换理论不是有效的分析方法,因为 PARK 方程适用于气隙磁场为正弦分布的电动机。相反,如果直接利用电动机原有的相变量来建立数学模型却比较方便,又能获得较准确的结果。

为了简明起见,现做如下假设:
(1) 电动机的气隙磁场在空间呈梯形(近似为方波)分布;
(2) 定子齿槽的影响忽略不计;
(3) 电枢反应对气隙磁通的影响忽略不计;

(4)忽略电动机中的磁滞和涡流损耗;

(5)三相绕组完全对称。

由于转子的磁阻不随转子位置的变化而改变,因此定子绕组的自感和互感为常数,则相绕组的电压平衡方程可表示为

$$\begin{bmatrix} u_a \\ u_b \\ u_c \end{bmatrix} = \begin{bmatrix} r & 0 & 0 \\ 0 & r & 0 \\ 0 & 0 & r \end{bmatrix} \begin{bmatrix} i_a \\ i_b \\ i_c \end{bmatrix} + \begin{bmatrix} L & M & M \\ M & L & M \\ M & M & L \end{bmatrix} \frac{d}{dt} \begin{bmatrix} i_a \\ i_b \\ i_c \end{bmatrix} + \begin{bmatrix} e_a \\ e_b \\ e_c \end{bmatrix} \tag{5.1}$$

式中　U_a、U_b、U_c——定子各相绕组电压,V;

i_a、i_b、i_c——定子各相绕组电流,A;

e_a、e_b、e_c——定子各相绕组反电动势,V;

r——每相绕组的电阻,Ω;

L——每相绕组的自感,H;

M——每两相绕组间的互感,H。

由于三相绕组为星形连接,即 $i_a + i_b + i_c = 0$,因此 $Mi_a + Mi_b + Mi_c = 0$,所以式(5.1)可以变为

$$\begin{bmatrix} u_a \\ u_b \\ u_c \end{bmatrix} = \begin{bmatrix} r & 0 & 0 \\ 0 & r & 0 \\ 0 & 0 & r \end{bmatrix} \begin{bmatrix} i_a \\ i_b \\ i_c \end{bmatrix} + \begin{bmatrix} L-M & 0 & 0 \\ 0 & L-M & 0 \\ 0 & 0 & L-M \end{bmatrix} \frac{d}{dt} \begin{bmatrix} i_a \\ i_b \\ i_c \end{bmatrix} + \begin{bmatrix} e_a \\ e_b \\ e_c \end{bmatrix} \tag{5.2}$$

由此可以得到无刷直流电动机的等效电路如图5.7所示,图中的 U_s 为直流侧电压,$VT_1 \sim VT_6$ 为功率开关器件,$VD_1 \sim VD_6$ 为续流二极管,$L_M = L - M$,图中标出的相电流和相反电动势的方向为其正方向。

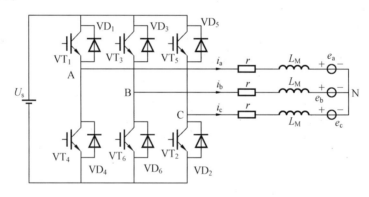

图5.7　无刷直流电动机的等效电路

式(5.2)所代表的是一个等价地实现相间磁路关系解耦的相电压模型,但由于电动机的中性点是悬空的,各相之间仍不可避免地存在电路上的解耦关系。由于中性点电位不可直接测取,因而相电压实际上是未知量,已知量为直流侧电压(线电压),所以该模型还不能直接求解相电流的变化规律。

无刷直流电动机的电磁转矩是由定子绕组中的电流与转子磁钢产生的磁场相互作用而产生的,电磁转矩表达式为

$$T_e = \frac{e_a i_a + e_b i_b + e_c i_c}{\Omega} \tag{5.3}$$

式中 e_a、e_b、e_c——三相绕组的反电动势；
i_a、i_b、i_c——三相绕组的电流；
Ω——转子的机械角速度。

5.2.2 无刷直流电动机的反电动势

无刷直流电动机气隙磁密 B_δ 的分布波形如图 5.8(a)所示，当转子旋转速度为恒值时，定子每相绕组反电动势波形与磁通密度分布波形应该一致，为了简化分析，可将它近似为梯形波。为了减小转矩脉动，反电动势波形的平顶宽度应大于等于 120°电角度。通常把反相电动势看成平顶宽为 120°电角度的梯形波，如图 5.8(b)所示，三相绕组的反电动势依次相差 120°电角度。

设电枢绕组导体的有效长度为 L_a，导体相对于磁场的线速度为 v，则单根导体在气隙磁场中感应的电动势为

$$e = B_\delta L_a v \tag{5.4}$$

$$v = \frac{\pi D}{60} n = \frac{2p\tau n}{60} \tag{5.5}$$

式中 D——电枢直径；
p——电动机的极对数；
τ——极距；
n——电动机的转速，r/min。

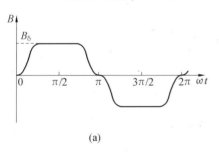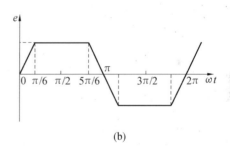

(a)　　　　　　　　　　　　　　(b)

图 5.8 无刷直流电动机气隙磁密及反电动势波形

将式(5.5)代入式(5.4)中得到

$$e = 2B_\delta L_a p\tau \frac{n}{60} \tag{5.6}$$

如果电枢绕组每相串联匝数为 W_φ，则每相绕组的感应电动势幅值为

$$E_m = 2W_\varphi e \tag{5.7}$$

方波气隙磁感应强度对应的每极磁通为

$$\Phi_\delta = B_\delta \alpha_i \tau L_a \tag{5.8}$$

其中，α_i 为计算极弧系数，则有

$$e = 2p\Phi_\delta \frac{n}{60\alpha_i} \tag{5.9}$$

这样，可以计算得到每相绕组感应电动势幅值为

$$E_\mathrm{m} = 2W_\varphi e = \frac{pW_\varphi}{15\alpha_\mathrm{i}}\Phi_\delta n = C'_\mathrm{e}\Phi_\delta n \tag{5.10}$$

式中　Φ_δ——每极磁通量,Wb；

　　　C'_e——相电动势常数,$\dfrac{pW_\varphi}{15\alpha_\mathrm{i}}$。

由上述分析可知,无刷直流电动机的反电动势计算公式和一般直流电动机相同,反电动势大小与每极的磁通量及转速有关。如保持每极磁通量不变,无刷直流电动机的反电动势便和转速成正比。反之,如保持转速不变,无刷直流电动机的反电动势将和每极磁通量成正比。另外,从公式中还可以看出,当电动机静止或转速很低时,反电动势为零或很小,无法利用绕组反电势获得转子位置信号,电机无法自启动。因此,在采用反电动势法的无位置传感器无刷直流电动机控制中,必须考虑到电动机的启动问题。

5.2.3　无刷直流电动机的工作方式

根据永磁转子产生的气隙磁场 B 和定子绕组中电流 i 的不同,永磁无刷直流电动机的工作方式可分为4种,如图5.9所示。

(1) B 为正弦波,i 为方波。

该工作方式中永磁转子的气隙磁场 B 为正弦波,定子绕组中的电流波形为方波,如图5.9(a)所示。设永磁转子产生正弦波气隙磁场,其幅值为 B_m,定子三相绕组为集中绕组,每相匝数为 W,线圈有效长度为 l,各绕组中所通电流为 $K(\theta)I$,定子半径为 R,设转子以角速度 Ω 旋转。若以 A 相绕组轴线与转子磁场轴线重合时为观察起点,则两轴线之间的夹角、三相绕组所产生的电磁转矩分别为

$$\begin{aligned}T_\mathrm{a} &= RWlIK(\theta)B_\mathrm{m}\sin\theta \\ T_\mathrm{b} &= RWlIK(\theta-120°)B_\mathrm{m}\sin(\theta-120°) \\ T_\mathrm{c} &= RWlIK(\theta+120°)B_\mathrm{m}\sin(\theta+120°)\end{aligned} \tag{5.11}$$

式中,$K(\theta)$ 是电流换向函数,它是与转子位置有关的周期函数,即

$$K(\theta)=\begin{cases}1 & (\text{绕组正向接通}) \quad 30°\leq\theta\leq150° \\ -1 & (\text{绕组反向接通}) \quad 210°\leq\theta\leq330° \\ 0 & (\text{绕组未被接通}) \quad \theta\notin(30°\sim150°,210°\sim330°)\end{cases} \tag{5.12}$$

$K(\theta-120°)$ 是 $K(\theta)$ 的滞后120°换向函数,$K(\theta+120°)$ 则是 $K(\theta)$ 的超前120°换向函数,且

$$K(\theta-120°)=\begin{cases}1 & (\text{绕组正向接通}) \quad 150°<\theta<270° \\ -1 & (\text{绕组反向接通}) \quad 330°<\theta<450° \\ 0 & (\text{绕组未被接通}) \quad \theta\notin(150°\sim270°,330°\sim450°)\end{cases}$$

$$K(\theta+120°)=\begin{cases}1 & (\text{绕组正向接通}) \quad -90°<\theta<30° \\ -1 & (\text{绕组反向接通}) \quad 90°<\theta<210° \\ 0 & (\text{绕组未被接通}) \quad \theta\notin(-90°\sim30°,90°\sim210°)\end{cases}$$

换向函数构成典型的三相六状态方波驱动逻辑,如图5.10所示,各绕组中的电流先正向导通120°电角度,再关断60°,然后反向导通120°,再关断60°,A、B、C 三相绕组的换向逻辑互差120°电角度。三相合成转矩 $T_\mathrm{e}=T_\mathrm{a}+T_\mathrm{b}+T_\mathrm{c}$,绘于图5.10中。$\theta=30°\sim90°$ 其间,A 相正向导通,B 相反向导通,合成转矩为

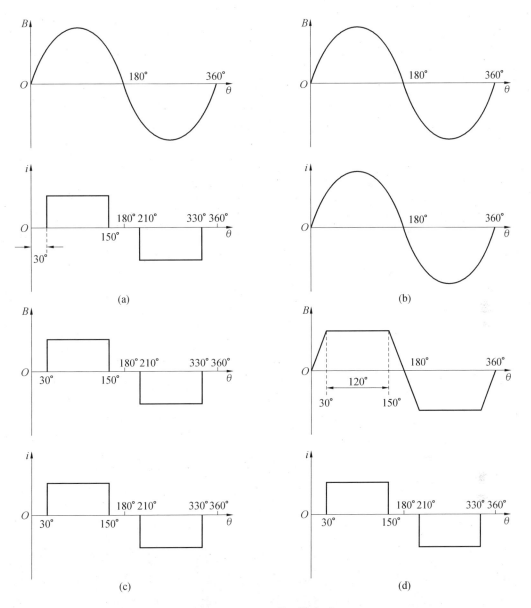

图 5.9 BLDCM 的工作方式

$$T_e = T_a + T_b = RWlIB_m[\sin\theta - \sin(\theta - 120°)] = T_m\sin(\theta + 30°) \tag{5.13}$$

其中,$T_m = \sqrt{3}\,RlWIB_m$。

显然,当 $\theta = 30°, 90°, \cdots, \left(k - \dfrac{1}{2}\right)60°$ 时,合成转矩有极小值($k = 1, 2, 3, \cdots$),即

$$T_{min} = \frac{\sqrt{3}}{2}T_m$$

当 $\theta = 60°, 120°, \cdots, 60°k$ 时,合成转矩有极大值,即

$$T_{max} = T_m$$

转矩波动率为

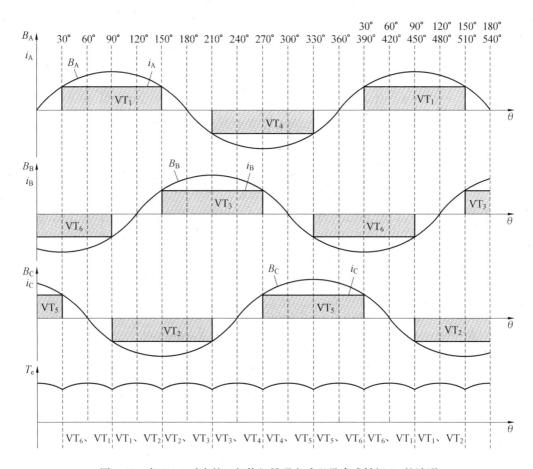

图 5.10 与 $K(\theta)$ 对应的三相绕组导通方式以及合成转矩 T_e 的波形

$$A_T = \frac{T_{max} - T_{min}}{T_{max} + T_{min}} \times 100\% = 7.2\% \tag{5.14}$$

(2) B 为矩形波(或梯形波),i 为方波。

由于定子磁势是脉动方波,转子磁场是正弦波,产生原理性力矩波动。欲改善力矩波动可循两条途径。一是采用"方波"原理,即经过设计加工,使永磁转子产生的磁场沿气隙按矩形波或梯形波分布,如图 5.9(c)、图 5.9(d) 所示。在此情况下,按前面的定义有

$$T_e = T_a + T_b + T_c = RWlIB_m[K^2(\theta) + K(\theta - 120°)K(\theta - 120°) + K(\theta + 120°)K(\theta + 120°)] \tag{5.15}$$

式中的正负号决定转矩的方向,也决定电动机的旋转方向。

式(5.15) 与转角无关,可见按方波原理可使电动机的转矩波动为零。当然,这一结论是在理想情况下得到的,实际电动机由于定子电流的换向过渡过程,难获得平顶宽大于120°的梯形波。另一个重要的原因是采用方波磁场将不利于减小定位力矩,高速运行时电动机附加损耗也有所增加。实际应用中,电动机一般采用准方波磁场甚至采用近似正弦波的磁场,因此,这类电动机的力矩波动一般在7%左右。特别是对于速率伺服电动机,力矩波动主要影响低转速稳定性,当电动机高速运行时,由于转动惯量的飞轮稳速效应,力矩波动对转速稳定性影响变小,所以,速率伺服电动机大都采用方波电压或电流驱动,以便简化驱动电路,降低成本。

(3) B 为正弦波,i 为正弦波。

改善力矩波动的第二条途径——"正弦波"原理,即经设计和加工,使永磁转子产生的磁场沿气隙按正弦波分布,如图5.9(b)所示,力矩伺服电动机多采用该途径。此时,电流换向函数为正弦连续函数,即

$$\begin{cases} K(\theta) = \sin\theta \\ K(\theta-120°) = \sin(\theta-120°) \\ K(\theta+120°) = \sin(\theta+120°) \end{cases}$$

$$\begin{cases} I_A = I_m \sin\theta \\ I_B = I_m \sin(\theta-120°) \\ I_C = I_m \sin(\theta+120°) \end{cases} \tag{5.16}$$

按此定义,三相合成转矩为

$$\begin{aligned} T_e &= T_a + T_b + T_c = \\ & RWlIB_m[\sin^2(\theta) + \sin(\theta-120°)\sin(\theta-120°) + \sin(\theta+120°)\sin(\theta+120°)] = \\ & 2RWlIB_m = \frac{\sqrt{3}}{2}T_m \end{aligned} \tag{5.17}$$

可见,按"正弦波"原理可使电动机的转矩波动为零。当然,这也是理想情况。实际电动机系统由于电动机本体、位置传感器、驱动电路三者的综合影响,力矩波动是不可避免的,其值可以控制在5%左右。由于力矩电动机多用于低速直接驱动系统中,对力矩波动要求严格,所以,这类电动机一般采用正弦波电流驱动。这类电动机系统无论是电动机本体、位置传感器,还是驱动电路,都比"方波原理"电动机系统复杂得多,因此,成本较高。

5.2.4 无刷直流电动机稳态性能的动态模拟

对于两相导通三相六状态无刷直流电动机,在不考虑开关器件换流过程的理想情况下,每个元件导通1/3周期,任何瞬间只有两个功率开关管导通。当计及功率开关管换流过程的影响时,每个器件的导通时间将稍大于120°电角度,一个完整运行周期有6种不同状态。

逆变器开关管元件的换流过程取决于电机的负载情况,其持续时间未知,需要在仿真中算出来。稳态运行时,逆变器功率开关管将按$VT_1 \sim VT_6$顺序依次每隔1/6周期换流一次,使得每隔60°运行区间内系统的状态呈现某种形式的重复或对称性。因此,只要对任一个60°区间的运行状态进行仿真分析,就可获得一个完整运行周期内所需的全部信息。

以下,以开关管从VT_1、VT_2导通切换到VT_2、VT_3导通,即电机从A、C相通电换到B、C相通电为例来进行分析。

在换相过程中,VT_1关断,但A相绕组的电流不能突变,经VD_4续流,形成了A相→C相→VT_2→VD_4→A相的续流回路。同时,VT_2、VT_3导通,形成了电源→VT_3→B相→C相→电源的回路。

依据基尔霍夫定律,如图5.7电路所示,可得换相过程中的电路方程为

$$\begin{cases} L_M \dfrac{di_a}{dt} + ri_a + e_a - \left(L_M \dfrac{di_c}{dt} + ri_c + e_c\right) = 0 \\ L_M \dfrac{di_b}{dt} + ri_b + e_b - \left(L_M \dfrac{di_c}{dt} + ri_c + e_c\right) = U_s \\ i_a + i_b + i_c = 0 \end{cases} \tag{5.18}$$

续流结束后,换相完成,电路方程变为

$$\begin{cases} L_M \dfrac{di_b}{dt}+ri_b+e_b-\left(L_M \dfrac{di_c}{dt}+ri_c+e_c\right)=U_s \\ i_b+i_c=0 \end{cases} \tag{5.19}$$

式(5.18)和式(5.19)构成了无刷直流电动机的线电压模型。考虑电路的初始条件,并利用数值方法进行仿真计算,就可以得到无刷直流电动机的相电流和电磁转矩。图 5.11 和图 5.12 分别是一台无刷直流电动机相电流和电磁转矩的仿真波形。

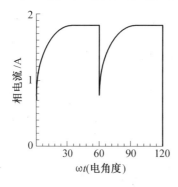
图 5.11 相电流波形

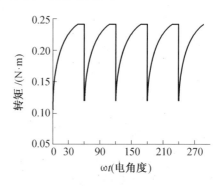
图 5.12 电磁转矩波形

仿真计算方法很多,如可利用数值积分法(如采用龙格-库塔法)将微分方程离散求解,还可以利用仿真工具如 MATLAB/Simulink 进行求解。限于篇幅,本书对仿真方法不再详细介绍,有兴趣的读者可以参阅有关书籍。

5.2.5 无刷直流电动机系统的简化数学模型

通过数字仿真可以得到无刷直流电动机的相电流和电磁转矩波形,但计算较复杂,且得出的控制参数与性能之间的关系也不够直观。

为了简化分析,假设不考虑开关器件动作的过渡过程,并忽略电枢绕组的电感,无刷直流电动机的电压方程可以简化为

$$U_s-2U_T=E+2rI_a \tag{5.20}$$

式中　U_T——开关器件的管压降;

I_a——电枢电流;

E——电动机的反电动势。

对于三相六状态无刷直流电动机,任一时刻都有两相绕组导通,故电动机的反电动势为

$$E=2E_m=\dfrac{2pW_\varphi}{15\alpha_i}\Phi_\delta n=C_e\Phi_\delta n \tag{5.21}$$

式中　C_e——电动机的电动势常数,$C_e=\dfrac{2pW_\varphi}{15\alpha_i}$。

电枢绕组的电流为

$$I_a=\dfrac{U_s-2U_T-E}{2r} \tag{5.22}$$

在任一时刻,电动机的电磁转矩由两绕组的合成磁场和转子磁场相互作用产生,则

$$T_{e} = \frac{2E_{m}I_{a}}{\Omega} = \frac{EI_{a}}{\Omega} = \frac{4pW_{\varphi}}{\pi\alpha_{i}}\Phi_{\delta}I_{a} = C_{T}\Phi_{\delta}I_{a} \tag{5.23}$$

式中 W_{φ}——绕组每相匝数；

C_{T}——电动机的转矩常数，$C_{T} = \frac{4pW_{\varphi}}{\pi\alpha_{i}}$；

Ω——转子的机械角速度，$\Omega = \frac{2\pi n}{60}$。

电动机的转速为

$$n = \frac{U_{s} - 2U_{T} - 2rI_{a}}{C_{e}\Phi_{\delta}} \tag{5.24}$$

式中 Φ_{δ}——气隙磁通。

空载转速为

$$n_{0} = \frac{U_{s} - 2U_{T}}{C_{e}\Phi_{\delta}} = \frac{U_{s} - 2U_{T}}{\frac{2pW_{\varphi}}{15\alpha_{i}}\Phi_{\delta}} = 7.5\alpha_{i}\frac{U_{s} - 2U_{T}}{2pW_{\varphi}\Phi_{\delta}} \tag{5.25}$$

电动势系数为

$$K_{e} = \frac{E}{n} = C_{e}\Phi_{\delta} = \frac{2pW_{\varphi}}{15\alpha_{i}}\Phi_{\delta} \tag{5.26}$$

转矩系数为

$$K_{T} = \frac{T_{e}}{I_{a}} = C_{T}\Phi_{\delta} = \frac{4pW_{\varphi}}{\pi\alpha_{i}}\Phi_{\delta}I_{a} \tag{5.27}$$

利用同样的方法可以得到其他工作方式下无刷直流电动机的电动势、转矩、转速等基本公式。

5.3 无刷直流电动机的运行特性分析

1. 机械特性

由电动机转速公式 $n = \frac{U_{s} - 2U_{T} - 2rI_{a}}{C_{e}\Phi_{\delta}}$，可以得到

$$n = \frac{U_{s} - 2U_{T} - 2rI_{a}}{C_{e}\Phi_{\delta}} = \frac{U_{s} - 2U_{T}}{C_{e}\Phi_{\delta}} - \frac{2r}{C_{e}C_{T}\Phi_{\delta}^{2}}T_{e} \tag{5.28}$$

可见，无刷直流电动机的机械特性与一般直流电动机的机械特性表达式相同，机械特性较硬。在不同的供电电压驱动下，可以得到如图5.13所示的机械特性曲线。

当转矩较大、转速较低时，流过开关管和电枢绕组的电流很大，这时，管压降随着电流增大而增加较快，使加在电枢绕组上的电压有所减小，因而图5.13所示的机械特性曲线会偏离直线，向下弯曲。

空载转速可由式(5.25)求出，而堵转转矩则为

$$T_{st} = C_{T}\Phi_{\delta}I_{st} = C_{T}\frac{U_{s} - 2U_{T}}{2r}\Phi_{\delta} \tag{5.29}$$

式中 I_{st}——堵转电流。

2. 调节特性

由式(5.28)可得无刷直流电动机的调节特性如图 5.14 所示。由式(5.23)和式(5.24)可得到调节特性刚开始启动时的电压 U_0 和斜率 K 分别为

$$U_0 = 2rI_a + 2U_T = \frac{2rT_e}{C_T \Phi_\delta} + 2U_T \tag{5.30}$$

$$K = \frac{1}{C_e \Phi_\delta} \tag{5.31}$$

从机械特性和调节特性可以看出,无刷直流电动机与一般直流电动机一样,具有良好的调速性能,可以通过调节电源电压实现无级调速,但不能调节励磁调速,因为永磁体的励磁磁场不可调。

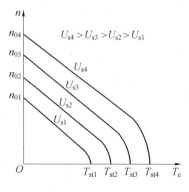
图 5.13 机械特性曲线

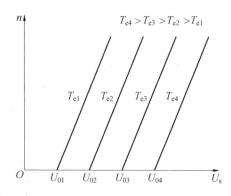
图 5.14 调节特性

5.4 PWM 调制方式

对于两相导通星形三相六状态无刷直流电动机,在一个周期内,每个功率开关器件导通 120°电角度,每隔 60°有两个开关器件切换。因此,PWM 调制方式可以有以下 5 种。

(1) on_pwm 型:在 120°导通区间内,各开关管前 60°恒通、后 60°采用 PWM 调制,如图 5.15 所示。

(2) pwm_on 型:在 120°导通区间内,各开关管前 60°采用 PWM 调制、后 60°恒通,如图 5.16 所示。

(3) H_on. L_pwm 型:在各自的 120°导通区间内,上桥臂功率开关恒通、下桥臂功率开关通过 PWM 调制,如图 5.17 所示。

(4) H_pwm. L_on 型:在各自的 120°导通区间内,上桥臂功率开关通过 PWM 调制、下桥臂开关恒通。

(5) H_pwm . L_pwm 型:上、下桥臂各管皆为 PWM 调制方式,如图 5.18 所示。

方式(1)、(2)、(3)、(4)又称为半桥调制方式,即在任意一个 60°区间,只有上桥臂或下桥臂开关管进行斩波调制。其中,方式(1)和(2)为双管调制方式,即在调制过程中上桥臂或下桥臂的功率开关管都参与斩波调制。方式(3)和(4)称为单管调制方式,即在调制过程中,只有上桥臂或下桥臂的功率开关参与斩波调制。

方式(5)又称为全桥调制方式,即在任意一个 60°区间内,上、下桥臂的功率开关管同时进

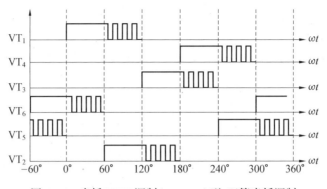

图 5.15 半桥 PWM 调制(on_pwm)型、双管半桥调制

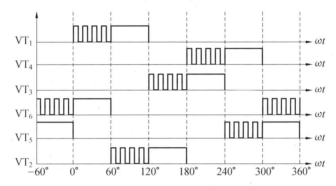

图 5.16 半桥 PWM 调制(pwm_on)型、双管半桥调制

行斩波调制。

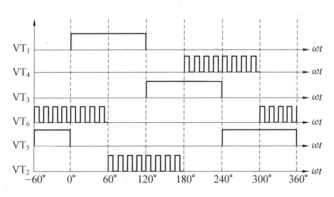

图 5.17 半桥 PWM 调制(H_on . L_pwm)型、单管半桥调制

在全桥调制方式中,功率开关的动态功耗是半桥调制方式的两倍。与半桥调制方式相比,全桥调制方式降低了系统效率,给散热带来了困难。因此,考虑到功率开关的动态功耗,在 PWM 调制方式上应选择半桥调制方式。

同时,在半桥调制方式中,双管调制方式不增加功率开关的动态损耗,并解决了由单管调制所造成的功率开关散热不均的问题,提高了系统的可靠性。因此,在 PWM 调制方式中应尽量采用半桥调制中的双管调制方式。

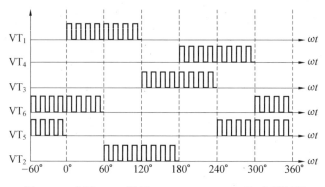

图 5.18 全桥 PWM 调制（H_pwm . L_pwm）型、全桥调制

5.5 无刷直流电动机转子位置信号的检测

5.5.1 转子位置传感器

在无刷直流电动机中，常用的位置传感器有以下几种类型。

1. 磁敏式位置传感器

常见的磁敏式位置传感器是由霍尔组件或霍尔集成电路构成的。霍尔组件式位置传感器由于结构简单、性能可靠、成本低，是目前在无刷直流电动机上应用最多的一种位置传感器。

霍尔效应原理在第 1 章电机控制的基础知识中已经介绍，在此不再重复。

霍尔组件所产生的电动势很低，在应用时往往需要外接放大器，很不方便。随着半导体技术的发展，将霍尔组件与附加电路封装为三端模块，构成霍尔集成电路。

霍尔集成电路有开关型和线性型两种类型。通常采用开关型霍尔集成电路作为位置传感组件。为简明起见，把开关型霍尔集成电路称为霍尔开关，其外形像一只普通晶体管，如图 5.19(a)所示，其应用电路如图 5.19(b)所示。

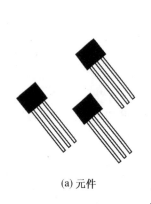
(a) 元件

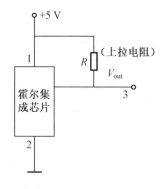
(b) 电路原理图

图 5.19 霍尔开关及其应用电路

使用霍尔开关构成位置传感器通常有两种方式：第一种方式是将霍尔开关粘贴于电动机端盖内表面，在靠近霍尔开关并与之有一定间隙处，安装着与电动机轴同轴的永磁体。如图 5.20 所示传感器转子部分为磁极位置安排与转子一致的永磁体，传感器定子部分安装有霍尔

开关位置传感器。第二种方式是直接将霍尔开关敷贴在定子电枢铁芯表面或绕组端部紧靠铁芯处,利用电动机转子上的永磁体主磁极作为传感器的永磁体,根据霍尔开关的输出信号即可判定转子位置。

下面以上述传感器构成第一种方式、两相导通星形三相六状态、极对数为 1 的无刷直流电动机为例进行说明,如图 5.20 和图 5.21 所示,3 个霍尔开关在空间彼此相隔 120°电角度,传感器永磁体的极弧宽度为 180°电角度,这样,当电动机转子旋转时,3 个霍尔开关便交替输出 3 个宽为 180°电角度、相位互差 120°电角度的矩形波信号。

霍尔开关的安装精度对于无刷直流电动机的运行性能有较大的影响,在安装时不但要保证 3 个霍尔开关在空间彼此相差 120°电角度,同时还必须保证霍尔开关与绕组相对位置的正确性,二者相对位置不同,换相逻辑亦随之不同。

两相导通星形三相六状态无刷直流电动机的霍尔位置传感器与电枢绕组、转子磁极的相对位置如图 5.20 所示,3 个霍尔开关 H_A、H_B、H_C 分别位于三相绕组各自的中心线上,传感器磁体可以是主磁极数的一半,其极性均为 S 极或 N 极(视霍尔开关的要求而定),并与同极性的主磁极在空间处于对等位置。只当电动机转子 N 极通过霍尔传感器时,传感器输出高电平,否则为低电平。

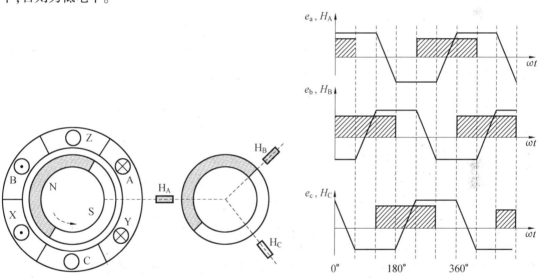

图 5.20 霍尔传感器与电枢绕组、磁极的相对位置　　图 5.21 位置信号和反电动势相位的关系

图 5.21 给出了 3 个位置传感器的输出信号(图中阴影部分)与三相电枢绕组反电动势之间的相位关系。可见,在一个电周期内,三路位置信号共有 6 种不同组合,分别对应电动机的 6 种工作状态。

2. 光电式位置传感器

光电式位置传感器是由装在电动机转子上的遮光盘和固定不动的光电开关组成的,其原理如图 5.22(a)所示。遮光盘上开有 180°电角度的扇形开口,扇形开口的数目等于无刷直流电动机转子磁极的极对数,4 极电动机所用遮光盘如图 5.22(b)所示,光电开关通常采用将发光二极管和光敏三极管封装在一起的光断续器。

对于两相导通星形三相六状态无刷直流电动机,3 个光电开关在空间依次相差 120°电角度,光电开关与电枢绕组的相对位置以及遮光盘与转子磁极的相对位置类似于霍尔位置传感

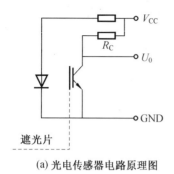
(a) 光电传感器电路原理图

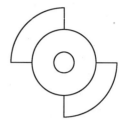
(b) 4极电动机所用的遮光盘

图 5.22 光电传感器

器。当遮光盘上的扇形开口对着某个光敏接收组件时,该光敏组件因接收到对面的发光二极管发出的光而产生光电流输出,而其他光敏接收组件由于被遮光板挡住光而接收不到光信号,所以没有输出。这样,随着转子的转动,遮光板使光敏组件轮流输出"亮电流"和"暗电流"信号,以此来判断转子磁极的位置。另外,光敏二极管或光敏三极管的输出较弱,需要整形放大,经过放大整形输出的是脉冲信号,易于数字电路接口。

5.5.2 无位置传感器检测法

1. 常用无位置传感器检测法

(1) 反电动势检测法。

对于最常见的两相导通星形三相六状态工作方式,除了换相的瞬间之外,在任意时刻,电动机总有一相绕组处于断电状态。由图 5.21 可见,当断电相绕组的反电动势过零点之后,再经过 30°电角度,就是该相的换相点。因此,只要检测到各相绕组反电动势的过零点,就可确定电动机的转子位置和下次换流的时间。

由于反电动势难以直接测取,通常通过检测端电压间接获得反电动势过零点。故这种方法又称为端电压检测法。

反电动势法的缺陷是当电动机在静止或低速运行时反电动势为零或太小,因而无法利用。一般采用专门的启动电路,使电动机以他控变频方式启动,当电动机具有一定的初速度和电动势后,再切换到自控变频状态。这个过程称为三段式启动,包括转子定位、加速和运行状态切换 3 个阶段。

(2) 续流二极管工作状态检测法。

通过对逆变器开关管加以特殊时序的斩波控制信号,使电动机绕组的续流电流沿着特定的回路流通。当断开相绕组的反电动势过零时,与断开相开关管并联的续流二极管中将流过续流电流,通过对该续流二极管导通与否的检测就可以确定出绕组反电动势的过零点,从而得到电动机的转子位置信号。

这种检测方法实际检测的也是绕组的反电动势,但是检测的灵敏度相对较高,在电动机额定转速的 2%以上有效,启动容易,调速比大;缺点是实现电路稍复杂一些。

(3) 瞬时电压方程法。

利用电动机各相瞬时电压和电流方程,实时计算电动机由静止到正常运转任一时刻转子的位置,控制电动机的运行。该方法不需专门的启动线路,电路简单,启动转矩大。但对电动机本体的数学模型依赖性大,当电动机参数因温度变化发生漂移时,容易造成建模误差,使控制精确性受到影响;另外,由于在线计算复杂,计算量很大,考虑到转子位置检测的实时性,必须采用具有快速运算能力和高速 A/D 转换器的 DSP。这种方法还适用于正弦无刷直流电动机。

2. 反电动势检测法

利用反电动势检测转子位置是目前最常用的无位置传感器检测方法,国外一些公司已开发并生产了基于"反电动势法"的无刷直流电动机无位置传感器控制专用集成电路,如 Micro Linear 公司的 M14425、M14426、M14428 及 Philips 公司的 TDA5140、TDA5141、TDA5142、TDA5143、TDA5144、TDA5145 等。下面对这种方法的基本原理进行分析。

(1) 用端电压法检测反电动势过零点。

图 5.23 为两相导通、星形、三相六状态无刷直流电动机主电路原理图,可以列出电动机三相绕组输出端对直流电源地的电压方程组为

$$\begin{cases} u_{a0} = i_a r + L_M \dfrac{di_a}{dt} + e_a + u_N \\ u_{b0} = i_b r + L_M \dfrac{di_b}{dt} + e_b + u_N \\ u_{c0} = i_c r + L_M \dfrac{di_c}{dt} + e_c + u_N \end{cases} \tag{5.32}$$

式中　$L_M = L - M$;

u_{a0}、u_{b0}、u_{c0}——三相绕组输出端对直流电源地的电压,V;

e_a、e_b、e_c——A、B、C 三相绕组的反电动势,V;

i_a、i_b、i_c——A、B、C 三相绕组的电流,A;

u_N——三相绕组中性点 N 对直流电源地的电压,V;

r——每相绕组的电阻,Ω。

由于电动机的一个通电周期有 6 种工作状态,且每种状态呈现一定的对称性或重复性,因此只需对一个状态进行分析。如图 5.23 所示,设 VT_1 和 VT_6 导通,即 A、B 相通电,C 相关断,则 A、B 两相电流大小相等,方向相反,而 C 相电流为 0。

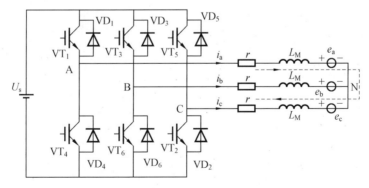

图 5.23　A、B 相导通时的主电路原理图

由于 C 相电流 $i_c = 0$,则方程组 (5.32) 中的第三式可化简为

$$u_{c0} = e_c + u_N \tag{5.33}$$

由于 $i_a = -i_b$,且在 e_c 过零点处 $e_a + e_b + e_c = 0$,将方程组 (5.32) 中的第一、二式及式 (5.33) 相

加,可得中性点电压

$$u_N = \frac{1}{3}(u_{a0} + u_{b0} + u_{c0}) \tag{5.34}$$

所以,C 相反电动势过零检测方程为

$$e_c = u_{c0} - u_N = u_{c0} - \frac{1}{3}(u_{a0} + u_{b0} + u_{c0}) \tag{5.35}$$

同理,可得 A、B 两相反电动势过零检测方程,则反电动势过零检测方程组为

$$\begin{cases} e_a = u_{a0} - \frac{1}{3}(u_{a0} + u_{b0} + u_{c0}) \\ e_b = u_{b0} - \frac{1}{3}(u_{a0} + u_{b0} + u_{c0}) \\ e_c = u_{c0} - \frac{1}{3}(u_{a0} + u_{b0} + u_{c0}) \end{cases} \tag{5.36}$$

由于无刷直流电动机采用 PWM 调制方式,所以实际检测电路中,需要将端电压 u_{a0}、u_{b0}、u_{c0} 分压后,经滤波得到检测信号 U_{a0}、U_{b0}、U_{c0},如图 5.24 所示。图示电路是通过检测三相绕组输出端对电源负极的电压来检测反电动势过零点的,称为基于端电压的反电动势检测,或"端电压法"。"端电压法"反电动势过零检测方程还有其他形式,在此做一个简单介绍。

由于在 C 相绕组的反电动势过零时,$i_a = -i_b$,$e_a = -e_b$,将方程组(5.32)中第一、二式相加得到 u_N 的另一种表达式为

$$u_N = \frac{1}{2}(u_{a0} + u_{b0}) \tag{5.37}$$

据此,可以得到三相绕组反电动势过零点检测方程组的第二种形式为

$$\begin{cases} e_a = u_{a0} - \frac{1}{2}(u_{b0} + u_{c0}) \\ e_b = u_{b0} - \frac{1}{2}(u_{a0} + u_{c0}) \\ e_c = u_{c0} - \frac{1}{2}(u_{a0} + u_{b0}) \end{cases} \tag{5.38}$$

可以证明,检测方程组(5.36)和(5.38)是完全等价的,但方程组(5.36)中的中性点电压计算具有普遍性,因此应用最广。

另外,在 A、B 相导通,C 相关断时,根据图 5.23 可以列出下列方程组

$$\begin{cases} u_N = u_S - u_a = u_S - \left(i_a r + L_M \dfrac{di_a}{dt} + e_a\right) \\ u_N = -u_b = -\left(i_b r + L_M \dfrac{di_b}{dt} + e_b\right) \end{cases} \tag{5.39}$$

由于在 C 相绕组的反电动势过零时,$i_a = -i_b$,$e_a = -e_b$。故将方程组(5.39)中两式相加可得

$$u_N = \frac{1}{2}U_s \tag{5.40}$$

根据式(5.33)可知,当不导通相(C 相)的反电动势过零时,$u_{c0} - \dfrac{U_s}{2} = 0$,因此,可得反电动势过零检测方程组的又一种形式为

$$\begin{cases} e_a = u_{a0} - \dfrac{1}{2}U_s \\ e_b = u_{b0} - \dfrac{1}{2}U_s \\ e_c = u_{c0} - \dfrac{1}{2}U_s \end{cases} \tag{5.41}$$

检测方程组(5.41)虽然比较简单,但检测的正确性受 PWM 控制方式的影响较大,在一些 PWM 控制方式下并不适用,使用时需加以注意。

(2)用相电压法检测反电动势过零点。

如果将图 5.24 中检测电阻的中性点 O 与电源的负极断开,就得到如图 5.25 所示的检测电路。由电路对称原理,$u_O \approx u_N$,可知,图 5.25 中的检测信号 U_a、U_b、U_c 实际上反映了相电压 u_a、u_b、u_c 的大小。将图 5.25 所示的检测电路称为基于相电压的反电动势检测电路,将这种检测方法称为"相电压法"。

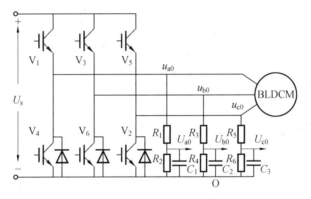

图 5.24 基于端电压的反电动势检测电路

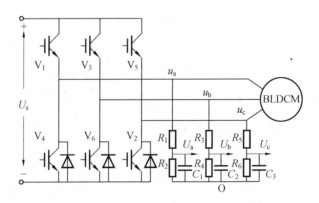

图 5.25 基于相电压的反电动势检测电路

由于某相绕组断电时,该相绕组的相电压大小等于其反电动势,可以得到

$$\begin{cases} e_a = u_a \\ e_b = u_b \\ e_c = u_c \end{cases} \tag{5.42}$$

也就是说,当采用图 5.25 所示的电路检测反电动势时,直接检测到的物理量是相电压,因

此不需要计算电动机的中性点电压。

(3)换相点的确定。

检测到反电动势过零点后,再延迟30°电角度即为无刷直流电动机的换相点。换相原理如图5.26所示,相应的功率开关切换顺序见表5.2。

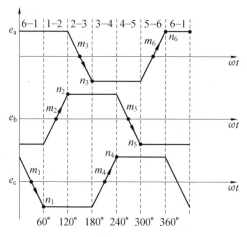

图5.26 延迟30°电角度换相原理图

反电动势过零检测方法简单、灵活,但实际的位置检测信号通常是经过阻容滤波后得到的,其零点必然会产生相移,使位置检测不准确,在应用中必须加以修正。

表5.2 功率开关切换顺序

过零点	延时角度	换相点	切换开关
m_1	30°	n_1	$VT_6 \to VT_2$
m_2	30°	n_2	$VT_1 \to VT_3$
m_3	30°	n_3	$VT_2 \to VT_4$
m_4	30°	n_4	$VT_3 \to VT_5$
m_5	30°	n_5	$VT_4 \to VT_6$
m_6	30°	n_6	$VT_5 \to VT_1$

5.5.3 无位置传感器的检测方法举例

位置传感器虽然为转子位置提供了最直接有效的检测方法,但是它也增加了电动机的体积,需要多条信号线,更增加了电动机制造的工艺要求和成本。因此,近年来推出了几种无刷直流电动机的无位置传感器控制方法,其中感应电动势法是最常见和应用最广泛的一种方法。本节基于这种方法,介绍一种检测感应电动势的例子。

三相无刷直流电动机每转60°就需要换相一次,每个电角度周期需要换相6次,因此需要6个换相信号。本例中的电动机反电动势信号与霍尔信号关系图如图5.27所示。

由图5.27可以看出,反电动势的正半周与霍尔信号的高电平部分相角相同,所以本例采用一个鉴相电路来得到与图中相角相同的反电动势信号,鉴相电路如图5.28所示。

在图5.28中,A相反电动势输入端输入的是采用电阻分压并电容滤波后的反电动势信

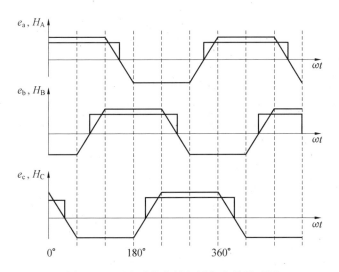

图 5.27　反电动势信号与霍尔信号关系图

号,即图 5.29 中的 U_{a0},采集到的反电动势信号在比较器的反相输入端的波形 U_{a1},如图 5.29 所示。另外,比较器的同相输入为一不大于 0.05 V 的小电压,加这一小电压的目的是在反电动势信号较弱时,仍能保证不受外界干扰。经鉴相后得到了与霍尔信号相位相同的反电动势信号 U_{a2},如图 5.29 所示,其他两相与 A 相相同。

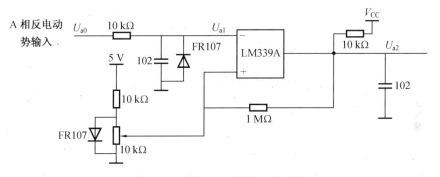

图 5.28　采集反电动势的鉴相电路

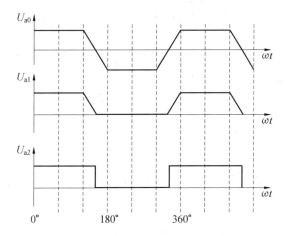

图 5.29　鉴相前后的反电动势信号

5.6 无刷直流电动机的系统设计举例

由于 PIC 单片机具有抗干扰能力强、响应速度快等优点,故其适合应用在响应速度要求极快的电机控制系统中。下面介绍一个以 PIC16F873A 为控制核心的直流无刷电动机控制系统。本系统采用电流单闭环,二二导通的换相控制方式,并设计了欠压、过流和堵转等保护方式,长期实验证明,系统可靠性高、抗干扰能力强。

1. 系统的硬件框图

本系统的硬件结构原理图如图 5.30 所示。系统的控制核心是美国 Microchip 公司生产的 PIC16F873A 单片机。PIC16F873A 是一款具有 RISC 结构的高性能中档单片机,仅有 35 条单字指令,8k×14 个字节 FLASH 程序存储器,368×8 个字节 RAM 数据存储器,256×8 个字节 E2PROM 数据存储器,14 个中断源,8 级深度的硬件堆栈,内部看门狗定时器,低功耗休眠模式,高达 25 mA 的吸入/拉出电流,外部具有 3 个定时器模块,2 个 16 位捕捉器/16 位比较器/10 位 PWM 模块,10 位多通道 A/D 转换器,通用同步异步接收/发送器等功能模块。

从图 5.30 可知,系统有五路开关控制信号,分别是启动、停止、加速、减速以及自动/手动切换按钮,通过指示灯指示出运行和故障状态;HA、HB、HC 为检测的三路霍尔位置信号输入到 PIC 单片机 I/O 口,根据此信号由软件编程生成 6 路控制信号送入通用阵列逻辑器件 GAL16V8。通用阵列逻辑 GAL(Generic Array Logic)是美国 Lattice 公司研制的一种电可擦除的 PLD 器件,可以用来构成译码器、优先级编码器、多路开关、比较器、移位寄存器、计数器、总线仲裁器等。采用 GAL16V8 器件不仅简化了系统的结构,降低了成本,而且编程灵活方便,提高了系统的可靠性,使系统具有更强的适应性。进入 GAL16V8 还有两路信号,一路是由 I/O 口 RB0 输出的系统启停信号(ST/STOP),一路是经 TL494 输出的 PWM 斩波信号 ZA。TL494 输出的 PWM 信号与 PIC 发出的控制信号通过逻辑运算输出 6 路驱动信号,经驱动隔离电路控制功率开关管开关来控制电动机转速。系统使用 TL494 芯片将电流反馈与给定做比较,根据比较结果使用 PIC 中的 RC2/CCP1 端生成 PWM 波经低通滤波成直流量接入 TL494 的死区控制端(DT 脚),通过对 TL494 死区控制实现输出占空比可在 2% ~ 100% 之间变化的 PWM 斩波信号 ZA。再将 ZA 与 PIC 发出的控制信号通过逻辑运算输出 6 路输出信号,经驱动隔离电路控制功率开关管的开断来控制电动机转速。另外系统还有温度保护和过流保护,当过温或过流时,系统会自动停车。

2. 系统的主电路

系统的主电路如图 5.31 所示。

三相功率桥主电路由 6 个 IGBT FGA25N120 构成。该器件最高工作电压为 1 200 V,最大电流为 25 A。图 5.31 中采用全桥结构可提高电动机绕组的利用率,通过对 6 个功率的开、关控制,对电动机电压、电流波形进行调制,使 BLDCM 产生持续不断的转矩。这个电路不使用霍尔传感器检测两路电流信号,而是在主回路中加了一个采样电阻 R_S。此种采样方式的优点是可以省去霍尔电流传感器,使电路结构更简单。此外在功率管 G、S 端并入电阻 R 的目的是防止功率管悬空时有电流,导致功率管烧毁。

3. 隔离驱动电路

隔离驱动电路如图 5.32 所示,为一路上、下桥臂的隔离驱动电路,驱动一组上下功率管,

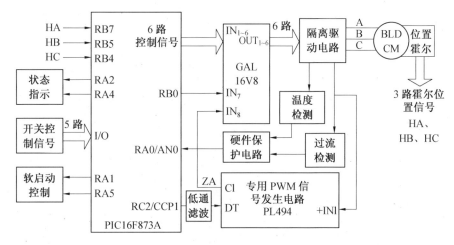

图 5.30 系统的硬件结构原理图

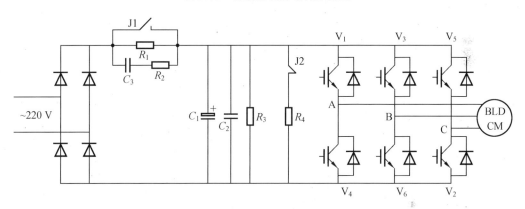

图 5.31 主回路

输入信号 A1+ 和 A1 是从 GAL16V8 输出的。该系统 PWM 调制方式为下桥斩波,A1 是经过斩波的 PWM 信号。其他两路桥臂的驱动原理电路同图 5.32,故此处省略。

4. 电流检测与 PWM 生成电路

从采样电阻取出的电流信号,由于有可能有正有负,又因为系统采样二二导通换相方式,每 60°电角度只有两个功率管工作,即只有两相绕组导通,所以当绕组换相时或下桥斩波时有可能产生反向电流,这时的电流不是我们希望检测的,只有正向电流才是我们希望得到的。因此电路图 5.33 中加了一个二极管 D_4,使检测的电流 I_A 只能流过正向电流。

本系统电动机调速是通过 PIC 输出 PWM 波经低通滤波成直流量后,输入 TL494 的死区时间控制端来调节 TL494 输出的 PWM 斩波信号的占空比来实现的。电位器 DWQ1 的功能是调整给定电压,使电压在 TL494 内部生成的锯齿波电压范围之内,与检测的电流构成闭环系统,从而进行 PI 调节。该环节的工作原理是将电流给定与电流反馈经 PI 调节后输出的值与一个固定频率的三角载波相比较产生 PWM 信号,从而控制主电路功率开关管的通断来调节电动机的绕组电流,其中由 R_{21}、C_{20} 决定的振荡器频率 $f_{osc} = \dfrac{1}{R_T C_T}$。PIC 生成 PWM 波经低通滤波成直流量后输入 DT 管脚,从而输出可变的 PWM 斩波信号占空比。反馈电流经 R_{38} 采样电阻后,经 R_{24}、C_{23} 滤波,R_{23}、R_{28} 分压后输入 +IN1 脚。另外 R_{25}、R_{26}、R_{27}、C_{21} 构成电流 PI 调节器,

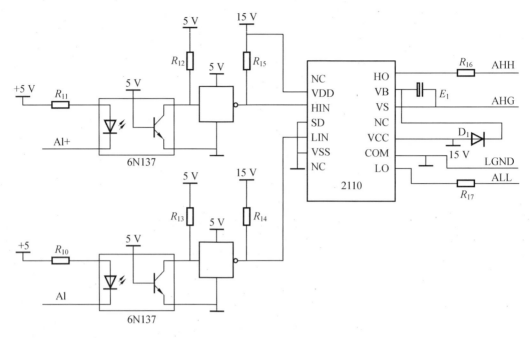

图 5.32 隔离驱动电路

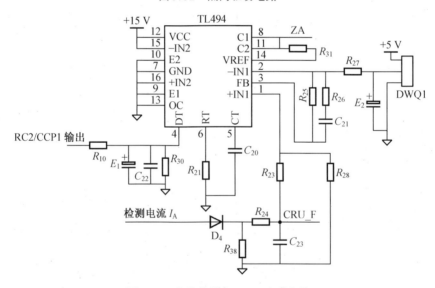

图 5.33 电流检测与 PWM 生成电路

其中 PI 调节器比例部分的放大系数 $K_{PI}=R_{26}/R_{27}$,积分时间常数 $\tau=R_{27}C_{21}$。该 PI 调节器的输出与三角波进行比较后产生 PWM 斩波信号。由于芯片输出端采用集电极开路输出方式,因此需加上拉电阻 R_{31}。由此电流给定信号与反馈的电流信号经 PI 调节单元生成 PWM 波。当电流反馈大于电流给定时,减小驱动信号的占空比从而减小实际绕组电流,反之则增大实际电流,从而使绕组电流实时跟随给定值。

5. 保护电路

本系统有温度保护、过流和缺相等保护。如图 5.34 所示的温度开关用来检测 IGBT 的温度,一旦温度超过 75 ℃,温度开关闭合,输出高电平给 PIC,系统停车。当系统过流时,检测的电流信号经过电阻转变成电压信号与电位器设定值进行比较,超过设定的上限值,比较器输出高电平给 PIC,系统掉电,从而对系统进行了保护。本系统还有缺相保护,即当检测的位置霍尔信号有一路断开,系统就会停车,出现故障指示。

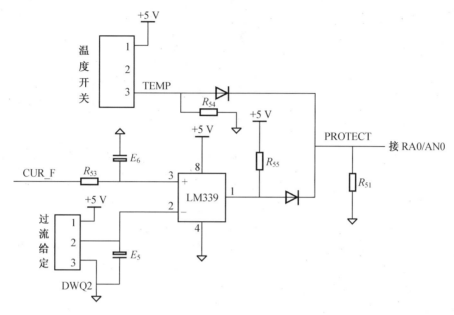

图 5.34 保护电路

6. 换相控制

位置传感器输出的信号相应为:101、001、011、010、110、100。这样,通过捕捉霍尔传感器任一路输出的跳变沿,读取跳变沿后的霍尔传感器输出状态,就可以确定转子的新位置,实现定子绕组的电流换相。

图 5.35 为直流无刷电动机顺时针旋转时三相位置传感器反馈信号。

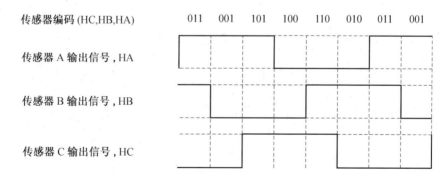

图 5.35 直流无刷电动机顺时针旋转时三相位置传感器反馈信号

根据图 5.35 可导出直流无刷电动机顺时针旋转时,驱动电源主回路中三相逆变桥中 6 个功率管 IGBT 的控制信号与位置传感器编码对应的导通关系,为"1"时施加导通驱动信号,为"0"时撤除驱动信号。顺时针转动传感器信号与功率管导通对应表见表 5.3。

表 5.3　顺时针转动传感器信号与功率管导通对应表

HC	HB	HA	AHH VT$_1$	CLL VT$_2$	BHH VT$_3$	ALL VT$_4$	CHH VT$_5$	BLL VT$_6$
1	0	1	0	0	1	1	0	0
0	0	1	0	0	0	1	1	0
0	1	1	0	0	0	0	1	1
0	1	0	1	0	0	0	0	1
1	1	0	1	1	0	0	0	0
1	0	0	0	1	1	0	0	0

习　题

1. 什么是一体化电动机系统？
2. 说明无刷直流电动机的工作机理。
3. 说明基于反电动势的无刷直流电动机无位置检测的工作机理。
4. 说明 B 为正弦波、i 为方波时，无刷电动机产生力矩波动的原因。
5. 说明在无刷直流电动机系统中，位置传感器的作用。
6. 在无刷直流电动机中，常用的位置传感器有哪几种类型？
7. 常用的无位置传感器检测方法有哪几种？并说明其工作机理。
8. 两相导通、星形、三相六状态、120°导通无刷直流电动机，PWM 调制方式有哪几种？
9. 画出无刷直流电动机的机械特性和调节特性，并说明其特点。
10. 比较有刷、无刷直流电动机的机械特性，并说明二者之间的关系。
11. 进行两相导通、星形、三相六状态、120°导通型无刷直流电动机系统设计。

第6章 开关磁阻电动机控制

开关磁阻电动机调速系统作为交流调速系统的后起之秀,具有非常高的性价比,这是无刷或有刷直流电动机所无法比拟的。通过30多年来的不断研究和改进,使其性能有了很大提高,由于结构简单、工作可靠、效率高的特点不断引起人们广泛的关注,并将其应用于电动车驱动、工业控制和家电产品中。

6.1 开关磁阻电动机的工作原理

开关磁阻电动机调速系统(Switched Reluctance Driver,SRD)所用的开关磁阻电动机(SRM)是SRD中实现机电能量转换的部件。SRM系双凸极可变磁阻电动机,其定、转子的凸极均由普通硅钢片叠压而成。转子既无绕组也无永磁体,定子极上采用集中绕组,径向相对的两个绕组连接起来,称为"一相",如图6.1所示。SR电动机可以设计成多种不同的相数结构,且定、转子的极数有多种不同的搭配。低于三相的SR电动机没有自启动能力,对于有自启动、四象限运行要求的场合,应优选表6.1中的定、转子极数组合方案。

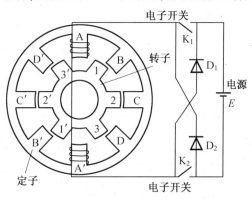

图6.1 四相8/6级SR电动机典型结构(只画出一相)

表6.1 SR电动机的各种方案

相数	3	4	5	6	7	8	9
定子极数 N_s	6	8	10	12	14	16	18
转子极数 N_r	4	6	8	10	12	14	16
步进角	30°	15°	9°	6°	4.28°	3.21°	2.5°

相数多、步距角小,有利于减少转矩脉动,但结构复杂,且主开关器件多,成本高,目前应用较多的是四相(8/6)结构和三相(6/4)结构。

SR 电动机磁阻随着转子磁极与定子磁极的中心线对准或错开而变化,因为电感与磁阻成反比,当转子磁极在定子磁极中心线位置时,相绕组电感最大,当转子极间中心线对准定子磁极中心线时,相绕组电感最小。

因为 SR 电动机的运行原理亦遵循"磁阻最小原理"——磁通总是沿着磁阻最小的路径闭合,所以具有一定形状的转子凸极在移动到最小磁阻位置时,会使自己的主轴线与磁场的轴线重合。如图 6.2 所示为四相电动机。当 A 相绕组单独通电时,通过导磁的转子凸极在 A-A′轴线上建立磁路,并迫使转子凸极转到与 A-A′轴线重合的位置,如图 6.2(a)所示。这时将 A 相断电、B 相通电,就会通过转子凸极在 B-B′轴线上建立磁路,因为此时转子并不处于磁阻最小的位置,磁阻转矩驱动转子继续转动到图 6.2(b)所示的位置。这时将 B 相断电、C 相通电,根据"磁阻最小原则",转子转到图 6.2(c)所示的位置。这样,四相绕组按 A-B-C-D 的顺序轮流通电,磁场旋转一周,转子逆时针转过一个极距角。不断按照这个顺序换相通电,电动机就会连续转动。

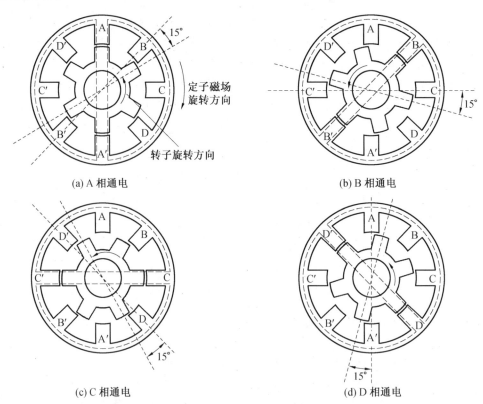

图 6.2 四相电动机

若改变换相通电顺序为 D-C-B-A,则电动机就会反转。由此还可以得出一个结论:改变电动机转向与电流方向无关,只与通电顺序有关。若改变相电流的大小,就会改变电动机的转矩,从而改变电动机的转速。因此,如果能控制开关磁阻电动机的换相顺序和电流的大小,就能达到控制电动机转速的目的。

换相是使开关磁阻电动机能够正常运行所必需的重要环节。为了能够正确地换相,必须知道转子运行到什么位置,这就需要转子位置传感器。转子位置传感器是开关磁阻电动机不可缺少的重要组成部分之一。开关磁阻电动机转子位置传感器的种类很多,如霍尔传感器、光电式传感器、接近开关式传感器、谐振式传感器和高频耦合式传感器。

根据开关磁阻电动机的结构和性能,可得出其具有如下特点：

(1)结构简单、成本低。

开关磁阻电动机的结构比鼠笼式异步电动机的结构还要简单,其转子没有绕组和永磁体,转子机械强度极高,可用于高速运行。

(2)驱动电路简单可靠。

由于电动机的转矩和相电流的方向无关,因此每相驱动电路可以只用一个功率开关管,这使得驱动电路简单,成本低。另外,功率开关管直接与相绕组串联,不会产生直通短路故障,增加了可靠性。

(3)系统可靠性高。

电动机的各相绕组能够独立工作,各相控制和驱动电路也是独立工作的,因此当有一相绕组电路发生故障时,不会影响其他相工作,所以系统的可靠性高,可用于航空等高可靠性要求的场合。

(4)可以实现高启动转矩和低启动电流。

可以实现低启动电流但却能获得高启动转矩,为了获得100%额定功率的启动转矩,开关磁阻电动机所用的启动电流为15%额定电流,直流电动机所用的启动电流为100%额定电流,鼠笼式异步电动机所用的启动电流为300%额定电流。

(5)可控参数多。

电动机的可控参数包括：开通角、关断角、相电流幅值和相电压。各参数的单独控制可产生不同的控制功能,并可根据具体应用场合灵活运用。

(6)适用于频繁启停和正反转运行。

电动机具有完全相同的四象限运行能力,具有较强的再生制动能力,加上启动电流小的特点,可适用于频繁启停和正反转运行的场合。

(7)转矩波动大、噪声大。

转矩波动大是开关磁阻电动机最大的缺点,由此而产生的噪声和共振问题也较为突出,这是需要改进的课题之一。

6.2 开关磁阻电动机基本方程及性能分析

6.2.1 SR 的基本方程

1. 电压方程

如图 6.1 所示,一台 q 相 SR 电动机,假设各相结构和电磁参数对称,根据电路定律,可以写出 SR 电机第 k 相的电压平衡方程式为

$$u_k = R_k i_k + \frac{d\psi_k}{dt} \tag{6.1}$$

式中 u_k——第 k 相的端电压;
i_k——第 k 相的电流;
R_k——第 k 相的电阻;
ψ_k——第 k 相的磁链。

在 SR 电机中,各相绕组的磁链是转子位移角和各相绕组电流的函数,故磁链为

$$\psi_k = \psi(i_1, i_2, \cdots, i_q; \theta)$$

如果忽略电阻压降,并假设磁路为线性,则式(6.1)可以简写为

$$u_k = \frac{d\psi_k}{dt} = L_k \frac{di_k}{dt} + i_k \frac{dL_k}{d\theta}\Omega = e_r + e_a \tag{6.2}$$

式中 Ω——(机械)角速度,$\Omega = d\theta/dt$;
e_r——由于磁链变化在绕组中引起的感应电动势,称为变压器电动势;
e_a——由于转子旋转使绕组交链的磁链发生变化而引起的感应电动势,称为旋转电动势。

进一步考查 SR 电机能量流,有

$$u_k i_k = \frac{d}{dt}\left(\frac{1}{2}L_k i_k^2\right) + i_k^2 \frac{dL_k}{d\theta}\Omega \tag{6.3}$$

式(6.3)表明,输入功率的一部分转换为磁场储能增量;另一部分则为输出的机械功率。可以说,SR 电机正在利用其不断的能量储存、转换而获得高效、大功率的性能。

2. 转矩方程

当电动机电磁转矩 T_e 与作用在电动机轴上的负载转矩不相等时,转速就会发生变化,产生角加速度 $d\Omega/dt$。根据力学原理,可以写出转矩方程式为

$$T_e = J\frac{d\Omega}{dt} + K_\Omega \Omega + T_L \tag{6.4}$$

或

$$T_e = J\frac{d^2\theta}{dt^2} + K_\Omega \frac{d\theta}{dt} + T_L \tag{6.5}$$

式中 J——系统转动惯量;
K_Ω——摩擦系数;
T_L——负载转矩。

电磁转矩 T_e 可以表示为磁共能 W' 的函数,即

$$T_e = \frac{\partial W'(i_1, i_2, \cdots, i_k, \cdots, i_n; \theta)}{\partial \theta}$$

综上所述,SR 电动机的数学模型可以写为

$$\begin{cases} u_k = R_k i_k + \dfrac{\mathrm{d}\psi_k}{\mathrm{d}t} \\ \psi_k = \psi(i_1, i_2, \cdots, i_n; \theta) \\ T_e = J \dfrac{\mathrm{d}\Omega}{\mathrm{d}t} + K_\Omega \Omega + T_L \\ T_e = \dfrac{\partial W'(i_1, i_2, \cdots, i_k, \cdots, i_n; \theta)}{\partial \theta} \\ \Omega = \dfrac{\mathrm{d}\theta}{\mathrm{d}t} \\ k = 1, 2, \cdots, n \end{cases} \quad (6.6)$$

由于磁路的非线性,使得由上式描述的数学模型实际上很难计算,通常需进行必要的简化,因此可以采用线性模型、准线性模型和非线性模型的求解方法。线性模型有利于对 SR 电动机进行定性分析,了解其运行的物理状况、内部各物理量的基本特点和相互关系;准线性模型具有一定的计算精度,多用于分析和设计功率变换器和制订控制策略;非线性模型则用于电动机性能计算、仿真,是电动机设计的必需手段。

6.2.2 理想化线性模型分析

在下述假设条件下的电机模型为理想线性模型:
(1)不计磁路饱和影响,绕组的电感与电流大小无关;
(2)忽略所有功率损耗;
(3)功率管开关动作瞬时完成;
(4)电动机恒速运转。

1. 绕组电感

在理想线性模型中,绕组电感 L 与转子位移角 θ 在一个转子极距 τ_r 内的关系曲线如图 6.3 所示。其中,θ_u 为最小电感位置;θ_2 为定子凸极与转子凸极开始发生重叠的位置;θ_a 为定转子磁极中心线对齐位置或最大电感位置;θ_3 为定子凸极刚好与转子凸极完全重叠的位置(假设转子凸极宽度大于或等于定子凸极宽度);θ_4 为定子凸极与转子凸极刚好脱离完全重叠的位置;θ_1 和 θ_5 为定子凸极与转子凸极刚好完全相离的位置,故绕组电感与转子位移角的关系可用函数表示为

$$L(\theta) = \begin{cases} L_{\min} & (\theta_1 \leq \theta < \theta_2) \\ K(\theta - \theta_2) + L_{\min} & (\theta_2 \leq \theta < \theta_3) \\ L_{\max} & (\theta_3 \leq \theta < \theta_4) \\ L_{\max} - K(\theta - \theta_4) & (\theta_4 \leq \theta \leq \theta_5) \end{cases} \quad (6.7)$$

式中 K——常数,$K = \dfrac{L_{\max} - L_{\min}}{\theta_3 - \theta_2} = \dfrac{L_{\max} - L_{\min}}{\beta_s}$;

β_s——定子磁极极弧。

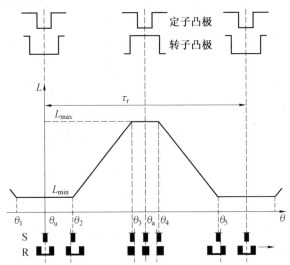

图 6.3 绕组电感 L 与转子位移角 θ 在一个转子极矩 τ_r 内的关系曲线

2.绕组磁链

SR 电动机一相绕组的主电路如图 6.4 所示,当电动机由恒定直流电源 U 供电,一相电压方程可写为

$$\pm U = iR + \frac{d\psi}{dt}$$

式中,"+"对应于绕组与电源接通期间;"−"对应于绕组关断后续流期间。根据"忽略所有功率损耗"的假设,上式可以简化为

$$\pm U = \frac{d\psi}{dt} = \frac{d\psi}{d\theta}\frac{d\theta}{dt} = \Omega \frac{d\psi}{d\theta} \tag{6.8}$$

或

$$d\psi = \pm \frac{U}{\Omega} d\theta \tag{6.9}$$

式中,$\Omega = d\theta/dt$ 为转子的角速度。

开关管 VT_1、VT_2 导通瞬间($t=0$ 时)为电路的初始状态,此时 $\psi_0 = 0$、$\theta_0 = \theta_{on}$,θ_{on} 为定子绕组接通电源瞬间定、转子磁极相对位置角,称为开通角。

将式(6.9)取"+",积分并代入初始条件,得通电阶段的磁链表达式为

$$\psi = \int_{\theta_{on}}^{\theta} \frac{U}{\Omega} d\theta = \frac{U}{\Omega}(\theta - \theta_{on}) \tag{6.10}$$

当 $\theta = \theta_{off}$ 时关断电源,此时磁链达到最大,其值为

$$\psi = \psi_{max} = \frac{U}{\Omega}(\theta_{off} - \theta_{on}) = \frac{U}{\Omega}\theta_c \tag{6.11}$$

式中 θ_{off}——定子绕组断开电源瞬间定、转子磁极的相对位置角,称为关断角;

θ_c——定子一相绕组的导通角,$\theta_c = \theta_{off} - \theta_{on}$。

式(6.11)为电源关断后绕组续流期间的磁链初始值,对式(6.9)取"−",积分并代入初始条件,得到续流阶段的磁链解析式为

$$\psi = \frac{U}{\Omega}(2\theta_{off} - \theta_{on} - \theta) \tag{6.12}$$

由式(6.10)~式(6.12)可以画出磁链随转子位置角变化的曲线,如图6.5所示。

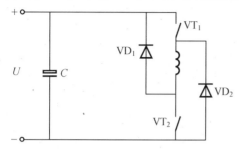

图6.4 SR 电动机一相绕组的主电路

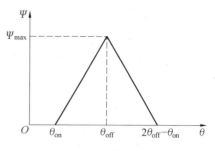

图6.5 一相绕组的磁链

3. 绕组电流

将式(6.8)改写为

$$\pm \frac{U}{\Omega} = L \frac{\mathrm{d}i}{\mathrm{d}\theta} + i \frac{\mathrm{d}L}{\mathrm{d}\theta} \tag{6.13}$$

与求解磁链方程类似,由初始条件 $t=0$、$\theta_0 = \theta_{on}$, $i_0 = i(\theta_{on}) = 0$ 及式(6.7),求解微分方程(6.13)可得

$$i(\theta) = \begin{cases} \dfrac{U}{\Omega} \dfrac{\theta - \theta_{on}}{L_{min}} & (\theta_1 \le \theta < \theta_2) \\[6pt] \dfrac{U}{\Omega} \dfrac{\theta - \theta_{on}}{L_{min} + K(\theta - \theta_2)} & (\theta_2 \le \theta < \theta_{off}) \\[6pt] \dfrac{U}{\Omega} \dfrac{2\theta_{off} - \theta_{on} - \theta}{L_{min} + K(\theta - \theta_2)} & (\theta_{off} \le \theta < \theta_3) \\[6pt] \dfrac{U}{\Omega} \dfrac{2\theta_{off} - \theta_{on} - \theta}{L_{max}} & (\theta_3 \le \theta < \theta_4) \\[6pt] \dfrac{U}{\Omega} \dfrac{2\theta_{off} - \theta_{on} - \theta}{L_{max} - K(\theta - \theta_4)} & (\theta_4 \le \theta \le 2\theta_{off} - \theta_{on} \le \theta_5) \end{cases} \tag{6.14}$$

式(6.14)构成一个完整的电流解析式,它是关于电源电压、电动机转速、电动机几何尺寸和转子位置角 θ 的函数。对结构一定的电动机,当转速、电源电压恒定时,绕组的电流波形与开通角 θ_{on}、关断角 θ_{off}、最大电感 L_{max}、最小电感 L_{min}、定子极弧 β_s 等有关。图6.6和图6.7分别画出了在电压和转速恒定时,不同开通角和关断角对应的电流波形。

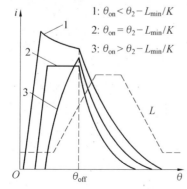

图6.6 关断角固定,不同开通角时的电流波形

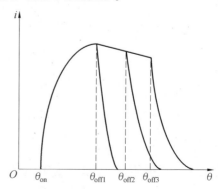

图6.7 开通角固定,不同关断角时的电流波形

4. 电磁转矩

SR 电动机的电磁转矩并非恒定转矩,而是绕组电流和转子位移角的函数。当定转子凸极部分重叠时,由于磁场扭曲而产生磁阻性质的电磁转矩。如果保持绕组中的电流值不变,将不同转子位置的静态转矩连成曲线则形成 SR 电动机的静态矩角特性。

SR 电动机静态转矩的计算,可通过磁共能对转子位移角的偏导数求取。忽略相间耦合,电磁转矩可写为

$$T_e = \left.\frac{\partial W'(i,\theta)}{\partial \theta}\right|_{i=\text{const}} \tag{6.15}$$

磁共能 W' 为

$$W' = \int_0^i \psi(i,\theta)\,\mathrm{d}i \tag{6.16}$$

在理想线性模型假设下,可写出电磁转矩的解析表达式为

$$T_e = \frac{1}{2}i^2\frac{\mathrm{d}L}{\mathrm{d}\theta} \tag{6.17}$$

将式(6.7)代入式(6.17),参见图 6.3 可以得到

$$T_e = \begin{cases} 0 & (\theta_1 \leq \theta < \theta_2) \\ \dfrac{1}{2}Ki^2 & (\theta_2 \leq \theta < \theta_3) \\ 0 & (\theta_3 \leq \theta < \theta_4) \\ -\dfrac{1}{2}Ki^2 & (\theta_4 \leq \theta \leq \theta_5) \end{cases} \tag{6.18}$$

式(6.18)是在一系列假设条件下得出的,对于了解 SR 电动机的工作原理是十分有益的。可以得出如下结论:

(1) SR 电动机的电磁转矩是由于转子转动时气隙磁导的变化产生的,电感对位置角的变化率越大,转矩越大。选择 SR 电动机的转子齿极数少于定子齿极数,有利于增大电感对位置角的变化率,因此有利于增大电动机的出力。

(2) 电磁转矩的大小与电流的平方成正比。考虑到实际电动机中磁路的饱和影响后,虽然转矩不再与电流的平方成正比,但仍随电流的增大而增大。因此,可以通过增大电流有效地增大电磁转矩。

(3) 在电感曲线的上升阶段,绕组电流产生正向转矩;在电感曲线的下降阶段,绕组电流产生反向转矩(制动转矩)。因此,可以通过改变绕组的通电时刻来改变转矩的方向,而改变电流的方向不会改变转矩的方向。

(4) 在电感的下降阶段($\theta>\theta_4$),绕组电流将产生制动转矩,因此,主开关的关断不能太迟。但关断过早也会由于电流平均值不够而导致转矩减小,且在最大电感期间,绕组也不产生转矩,因此取关断角 $\theta_{\text{off}} = (\theta_2+\theta_3)/2$,即电感上升区的中间位置是较好的选择。

6.2.3 考虑磁路饱和时 SR 电动机分析

在实际 SR 电动机中,当定、转子凸极中心线重合时,气隙很小,磁路是饱和的,而且从提

高电动机出力、减少功率变换器伏安容量等要求考虑,磁路也必须是饱和的。磁路饱和对电动机的电流、磁链、转矩和功率都有明显的影响,必须予以考虑。SR 电动机的实际磁化曲线如图 6.8 所示。

基于非线性模型的 SR 电动机分析十分复杂,必须借助数值方法(包括电磁场有限元分析、数字仿真等方法)实现。为了避免烦琐的计算,又近似考虑磁路的饱和效应,常借助准线性模型,即将实际非线性磁化曲线做分段线性的近似处理,且忽略磁耦合的影响。

分段线性化的方法有很多种。图 6.9 为 SR 电动机分析中常采用的一种准线性模型的磁化曲线,即用两段线性特性来近似一系列非线性磁化曲线。其中一段为磁化特性的非饱和段,其斜率为电感的不饱和值;另一段为饱和段,可视为与 $\theta=0$ 位置的磁化曲线平行,斜率为 $L_{\min}$。图中的 i_1 是根据对齐位置下磁化曲线决定的,一般定在磁化曲线开始弯曲处。

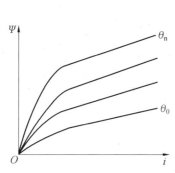 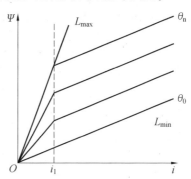

图 6.8　实际磁化曲线特性　　　　图 6.9　分段线性化的磁化曲线

基于图 6.9 的 SR 电动机准线性模型,写出绕组电感 $L(\theta,i)$ 的分段解析式为

$$L(\theta,i)=\begin{cases} L_{\min} & \theta_1 \leqslant \theta < \theta_2 \\ L_{\min}+K(\theta-\theta_2) & \theta_2 \leqslant \theta < \theta_3, 0 \leqslant i < i_1 \\ L_{\min}+\dfrac{K(\theta-\theta_2)}{i}i_1 & \theta_2 \leqslant \theta < \theta_3, i > i_1 \\ L_{\max} & \theta_3 \leqslant \theta < \theta_4, 0 \leqslant i \leqslant i_1 \\ L_{\min}+(L_{\max}-L_{\min})\dfrac{i_1}{i} & \theta_3 \leqslant \theta < \theta_4, i > i_1 \\ L_{\max}-K(\theta-\theta_4) & \theta_4 \leqslant \theta < \theta_5, 0 \leqslant i \leqslant i_1 \\ L_{\min}+[L_{\max}-L_{\min}-K(\theta-\theta_4)]\dfrac{i_1}{i} & \theta_4 \leqslant \theta \leqslant \theta_5, i > i_1 \end{cases} \quad (6.19)$$

式中,$K=\dfrac{L_{\max}-L_{\min}}{\theta_3-\theta_2}=\dfrac{L_{\max}-L_{\min}}{\beta}$,$\theta_1$、$\theta_2$、$\theta_3$、$\theta_4$、$\theta_5$ 的定义如图 6.3 所示。

利用图 6.9 所示分段线性化的磁化曲线可以算出磁共能,然后对转子位置角求导数,即可算出电磁转矩。

$$T_e(\theta,i) = \begin{cases} 0 & \theta_1 \leq \theta < \theta_2 \\ \dfrac{Ki^2}{2} & \theta_2 \leq \theta < \theta_3, 0 \leq i \leq i_1 \\ K_{i_1}\left(i - \dfrac{i_1}{2}\right) & \theta_2 \leq \theta < \theta_3, i > i_1 \\ 0 & \theta_3 \leq \theta < \theta_4 \\ -\dfrac{Ki^2}{2} & \theta_4 \leq \theta < \theta_5, 0 \leq i \leq i_1 \\ -K_{i_1}\left(i - \dfrac{i_1}{2}\right) & \theta_4 \leq \theta \leq \theta_5, i > i_1 \end{cases} \quad (6.20)$$

由于 SRD 系统的控制模式不同,相电流波形不同,统一的 SR 电动机平均电磁转矩 T_{av} 解析式难以得到。在相电流为理想平顶波的情况下,SR 电动机平均电磁转矩 T_{av} 的解析式为

$$T_{av} = m \frac{N_r}{2\pi} \frac{U_s^2}{\Omega^2}(\theta_{off} - \theta_2)\left(\frac{\theta_2 - \theta_{on}}{L_{min}} - \frac{1}{2}\frac{\theta_{off} - \theta_2}{L_{max} - L_{min}}\right) \quad (6.21)$$

上述基于准线性模型的计算方法多用于分析计算功率变换器和制订控制策略中。从式(6.20)可以看出:当 SR 电动机运行在电流值很小的情况下时,磁路不饱和,电磁转矩与电流平方成正比;当运行在饱和情况下时,电磁转矩与电流的一次方成正比。

6.3 开关磁阻电动机的控制原理

6.3.1 基本控制方式

影响开关磁阻电动机调速的参数较多,对这些参数进行单独控制或组合控制就会产生各种不同的控制方法。以下介绍几种常用的控制方法。

1. 电流斩波控制(CCC)

在电动机低速运行时,电流幅值会很高,必须加以限幅,以保证开关管的安全。通常采用固定 θ_{on} 和 θ_{off} 保持不变,通过给定允许的电流上限幅值和下限幅值调节电动机转矩和转速,这种方式称为电流斩波控制方式,电流波形如图 6.10 所示,电流波形近似"平顶波"。

电流斩波控制的优点是:适用于电动机低速调速系统,电流斩波控制可限制电流峰值的增长,并起到良好有效的调节效果;因为每个电流波形呈较宽的平顶状,故产生的转矩也比较平稳,电动机转矩脉动一般也比采用其他控制方式时要明显减小。

电流斩波控制抗负载扰动的动态响应较慢,在负载扰动下的转速响应与系统自然机械特性硬度有非常大的关系。由于在电流斩波控制中电流的峰值受限制,当电动机转速在负载扰动作用下发生变化时,电流峰值无法相应地自动改变,电动机转矩也无法自动地改变,因此系统在负载扰动下的动态响应较慢。

2. 角度位置控制(APC)

在电动机高速运行时,为了使转矩不随转速的平方下降,在外施电压一定的情况下,只有通过改变开通角 θ_{on} 和关断角 θ_{off} 的值获得所需的较大电流,这就是 APC 控制。

在 APC 控制中,由于开通角 θ_{on} 通常处于低电感区($\theta_{on} < \theta_2$),它的改变对相电流波形影响

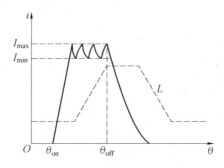

图 6.10　电流斩波控制(CCC)

很大,从而对输出转矩产生很大影响。因此一般采用固定关断角 θ_{off}、改变开通角 θ_{on} 的控制模式。

当电动机的转速较高时,因为反电动势的增大,限制了相电流的大小。为了增大平均电磁转矩,应增大相电流的导通角 θ_c,因此关断角 θ_{off} 不能太小。然而,关断角 θ_{off} 过大又会使相电流进入电感下降区域,产生制动转矩,因此关断角 θ_{off} 存在一个最佳值,以保证在绕组电感开始随转子位置角下降时,绕组电流尽快衰减到 0。

由 SR 电动机的转矩公式可知,对于同一运行点(即一定转速和转矩),开通角 θ_{on} 和关断角 θ_{off} 有多种组合,如图 6.11 所示,而在不同组合下,电动机的效率和转矩脉动等性能指标是不同的,因此存在针对不同指标的角度最优控制。找出开通角、关断角中使电动机出力相同且效率最高的一组就实现了角度控制的优化。寻优过程可以用计算机仿真,也可以采用试验的方法来完成。

3. 电压 PWM 控制

电压 PWM 控制也是在保证 θ_{on} 和 θ_{off} 不变的前提下,通过调整占空比来调整相绕组的平均电压,以改变相绕组电流的大小,从而实现转速和转矩的调节。PWM 控制的电压和电流波形如图 6.12 所示。

电压 PWM 控制的特点是:电压 PWM 控制通过调节相绕组电压的平均值,进而能间接地限制和调节相电流,因此既能用于高速调速系统,又能用于低速调速系统,而且控制简单。但调速范围小,低速运行时转矩脉动较大。

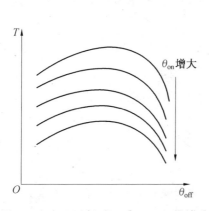

图 6.11　APC 运行时 T_{av} 与 θ_{on}、θ_{off} 的关系

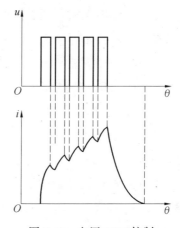

图 6.12　电压 PWM 控制

4. 组合控制

开关磁阻电动机调速系统具有多种控制方式，根据不同的应用要求可选用几种控制方式的组合，以下是两种常用的组合控制方式。

(1) 高速角度控制和低速电流斩波控制组合。

高速时采用角度控制，低速时采用电流斩波控制，以利于发挥二者的优点。这种控制方法的缺点是在中速时的过渡不易掌握。因此要注意在两种方式转换时参数的对应关系，避免存在较大的不连续转矩，并且注意两种方式在升速时的转换点和在降速时的转换点间要有一定回差，一般应使前者略高于后者，一定要避免电动机在该速度附近运行时进行频繁转换。

(2) 变角度电压 PWM 控制组合。

这种控制方式是靠电压 PWM 调节电动机的转速和转矩，并使 θ_{on} 和 θ_{off} 随转速改变。由于开关磁阻电动机的特点，所以工作时希望尽量将绕组电流波形置于电感的上升段。但是电流的建立过程和续流消失过程是需要一定时间的，当转速较高时，通电区间对应的时间越短，电流波形滞后就越多，因此通过使 θ_{on} 提前的方法来加以纠正。

在这种工作方式下，转速和转矩的调节范围大，高速和低速均有较好的力矩性能，且不存在两种不同控制方式互相转换的问题，因此得到普遍采用。其缺点是控制方式的实现稍显复杂。

6.3.2 SR 电动机的启动运行

SR 电动机的启动有一相绕组通电启动和两相绕组通电启动两种方式，本节以四相 8/6 极 SR 电动机为例定性分析 SR 电动机的启动运行特点。

在启动时给电动机的一相绕组通以恒定电流，随着转子位置的不同，SR 电动机产生的电磁转矩大小也不同，甚至转矩的方向也会改变，把电动机在每相绕组通以一定的电流时产生的电磁转矩 T_e 与转子位置角 θ 之间的关系称为矩角特性，图 6.13 为四相 SR 电动机的典型矩角特性曲线。从图中可以看出，如果各相绕组选择适当的导通区间，单相启动方式下总启动转矩为各相矩角特性上的包络线，而相邻两相矩角特性的交点则为最小启动转矩(T_{stmin})。如果负载转矩大于 SR 电动机的最小启动转矩，则电动机存在启动死区。

为了增大 SR 电动机的启动转矩、消除启动死区，可以采用两相启动方式，即在启动过程中的任意时刻均有两相绕组通以相同的启动电流，启动转矩由两相绕组的电流共同产生。如果忽略两相绕组间的磁耦合影响，则总启动转矩为两相矩角特性之和。两相启动时合成转矩和各相导通规律如图 6.14 所示。

显然，两相启动方式下的最小启动转矩为单相启动时的最大转矩，而且两相启动方式时的平均转矩增大，电动机带负载能力明显增强；两相启动方式的最大转矩与最小转矩的比值减小，转矩脉动减小。如果负载转矩一定，两相启动所需要的电流幅值将明显低于单相启动所需要的电流幅值。可见两相启动方式明显优于单相启动，所以一般都采用两相启动方式。

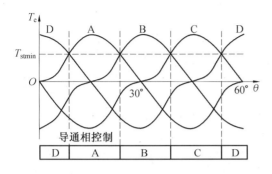

图6.13 四相SR电动机的矩角特性

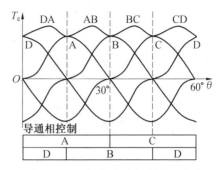

图6.14 两相启动时合成转矩波形

6.4 开关磁阻电动机系统的功率拓扑

开关磁阻电动机的功率驱动电路在开关磁阻电动机运行时为其提供所需能量,它在整个系统中所占的成本最高,因此一个最优的开关磁阻电动机的功率驱动电路应该是使用尽可能少的开关器件、有尽可能高的工作效率和可靠性和尽可能广的使用范围。目前使用的开关磁阻电动机的功率驱动电路有许多种,以下介绍3种常用的电路。

1. 双绕组型驱动电路

三相双绕组驱动电路如图6.15所示。电动机每相有两个绕组,即主绕组和辅助绕组。主绕组和辅助绕组采用双股并绕,使它们紧密地耦合在一起。以A相为例,当开关管接通时,电源通过开关管VT_1向主绕组A供电,如图中虚线1所示;当开关管VT_1断开时,磁场储能通过辅助绕组A'经续流二极管VD_1向电源回馈,如图中虚线2所示。

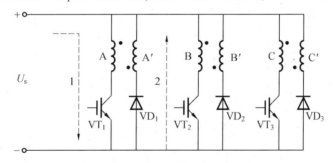

图6.15 双绕组驱动电路

双绕组驱动电路的优点是每相只用一个开关管,电路简单,成本低。其缺点是电动机结构复杂化,铜线利用率低;开关管要承受2倍的电源电压和漏电感引起的尖峰电压,为消除尖峰电压还要增加缓冲电路。尽管如此,由于其驱动电路简单,多用于电源电压低的应用场合。

2. 双开关管型驱动电路

三相双开关管型驱动电路如图6.16所示,该电路的每一相都是由两个开关管和两个续流二极管组成。工作时,两个开关管可以控制同时通断,也可以使一个开关管常开,另一个开关管受控通断。

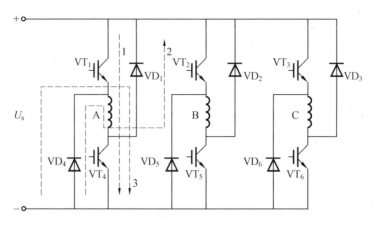

图 6.16 双开关管型驱动电路

以 A 相为例,在采用两个开关管同时通断的控制方式中,当 VT_1、VT_4 导通时,电源通过开关管向相绕组供电,如图中虚线 1 所示;当开关管 VT_1、VT_4 断开时,磁场储能经续流二极管 VD_1、VD_4 续流,如图中虚线 2 所示。

在单个开关管受控通断的控制方式中,VT_4 开关管常开,VT_1 开关管受控通断。与双开关管同时受控的不同,当 VT_1 关断时,通过 VD_4、VT_4 组成续流回路,如图中虚线 3 所示。

双开关管型驱动电路的优点是每个开关管只承受额定电源电压,相与相之间的电路是完全独立的,实用性较强。其缺点是每相使用两个开关管,成本高,但由于两个开关管与相绕组是串联关系,不存在上下桥臂直通的故障。因此这种电路适用于高压、大功率、相数少的场合。

3. 共用电容储能型驱动电路

四相共用电容储能型驱动电路如图 6.17 所示。该电路中的每一相都由一个开关管和一个续流二极管组成。图中的双电源是通过两个电容器分压而成的。以 A 相为例,当开关管 VT_1 导通时,A 相通电,电容 C_1 放电,电流如图中虚线 1 所示流动;当开关管 VT_1 断电时,续流经二极管 VD_1 向电容 C_2 充电,如图中虚线 2 所示。换到 B 相时正好与 A 相相反,当开关管 VT_2 导通时,B 相通电,电容 C_2 放电;当开关管 VT_2 断电时,经二极管 VD_2 向电容 C_1 充电。

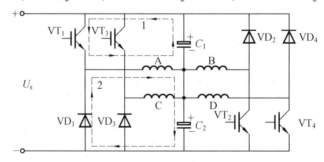

图 6.17 电容储能型驱动电路

当四相轮流平衡工作时,C_1、C_2 上电压相等。如果长时间使用一相时,电路将不会正常工作。因此在电动机运行时,一般采用相邻两相同时通电的方式。

共用电容储能型驱动电路的特点是加到相绕组两端的电压均是电容 C_1、C_2 上的电压,它们是电源电压的 1/2;电路虽然简单,但要求使用价格较贵的大容量电容器。因此只适用于偶数相电动机,且能保证相邻相在工作时能够平衡的应用场合。

4. H 桥型驱动电路

如图 6.18 所示，H 桥型驱动电路比共用电容储能型驱动电路少了两个串联的分压电容，换相的磁能以电能形式一部分回馈电源，另一部分注入导通相绕组，引起中点电位的较大浮动。它要求每一瞬间上、下桥臂必须各有一相导通。本电路特有的优点是可以实现零电压续流，提高系统的控制性能。

H 桥主电路只适用于四相或四的倍数相 SR 电动机，它也是四相 SR 电动机广泛采用的一种功率变换器的主电路形式。

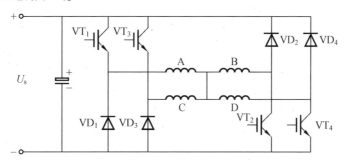

图 6.18　H 桥驱动电路

在这种电路中，SR 电动机采用两相通电工作方式，通过斩波控制进行调速。其斩波模式有四相和两相斩波模式两种。

(1) 四相斩波模式。在一个导通区间内，对上、下桥臂功率开关同时进行斩波操作，这时，上桥臂开关和下桥臂开关同时导通或关断。以 A、B 两相为例，当 VT_1 和 VT_2 导通时，电源对 A、B 两相绕组供电；当 VT_1 和 VT_2 关断时，续流电流如图 6.19 所示，续流电流经 VD_1、VD_2 回馈电源。

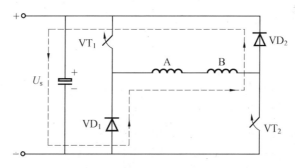

图 6.19　四相斩波时的续流回路

采用四相斩波控制时，关断相的储能回馈电源，续流电流下降较快，这给换相带来好处，但绕组中的电流不够平滑，会使噪声增大。此外，由于每只主开关器件在其导通区间始终处于高频开关状态，开关损耗比较大。

(2) 两相斩波模式。在一个导通区间内，仅对上桥臂功率开关管 VT_1 和 VT_3（或下桥臂功率开关管 VT_2 和 VT_4）进行斩波操作，而使另一桥臂的功率开关管始终处于开通状态。仍以 A、B 两相为例，当 VT_1 和 VT_2 导通时，电源对 A、B 两相绕组供电；当 VT_1 关断、VT_2 导通时，续流电路如图 6.20 所示。

这种斩波方式的特点是在续流期间绕组两端电压近似为 0，所以电流下降缓慢，续流期间没有能量回馈电源。为了使各相功率开关管负荷相同,可使上桥臂开关管和下桥臂开关管轮流进行斩波。

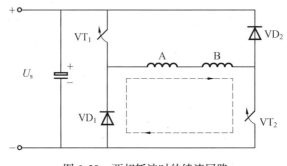

图 6.20 两相斩波时的续流回路

6.5 开关磁阻电动机系统的反馈信号检测

开关磁阻电动机系统(简称 SRD)的反馈信号一般有转子位置、速度和电流 3 种。SRD 工作在自同步状态,位置闭环正是 SRD 有别于步进电动机传动系统的重要标志之一,转子位置信号是各相开关器件实现换相的根据。SRD 作为一种变速传动系统,为保证系统具有优良的动、静态性能,必须依靠速度控制环节,因此速度检测也是实际系统所必需的。SRD 低速运行时,为调节转矩和限制绕组电流的幅值,通常采用电流斩波控制,这必须准确可靠地检测出实际相电流的大小;即使采用电压斩波控制和高速运行时的 APC 方式,为防止系统过载或故障运行,也需随时检测绕组的实际电流。因此,电流检测也是 SRD 中必不可少的。

综上所述,准确检测上述 3 种反馈信号对保证 SRD 达到预定的性能指标具有十分重要的意义,以下介绍这些信号的检测原理和方法。

6.5.1 转子位置检测

位置检测的目的是确定定、转子的相对位置,即要用位置传感器检测定转子相对位置,然后将位置信号反馈至逻辑控制电路,以确定对应绕组的通断。

对任一定子极数为 N_s、转子极数为 N_r 的 SR 电动机,设 $N_s > N_r$,则转子步进角为

$$\theta_{\text{step}} = \frac{2\pi(N_s - N_r)}{N_s N_r} \quad (6.22)$$

而转子极距角(或转子角周期)为

$$\tau_r = m\theta_{\text{step}} = \frac{\pi(N_s - N_r)}{N_r} \quad (6.23)$$

式中 m——电动机相数,即为定子极对数($N_s/2$)。

一般而言,SRD 位置检测器的输出信号为数字信号,转子每转过一个步进角,位置检测器的输出信号相对应发生变化,逻辑控制电路据此发出相应相绕组的接通和断开的切换指令。在一个转子极距角 τ_r 内,共有 m 个步进角,位置检测输出信号相应发生 m 次变化,当转过一个转子极距角后,位置信号又回复到起始状态,如此往复循环,即可使转子位置与绕组导电的相序很好地配合。

SRD 对位置检测的一般要求是首先在运行的速度范围内要满足检测的精度要求；其次要求电路简单、工作可靠、抗干扰能力强；有的还要求能在恶劣的环境下工作。

常见的位置检测方案有光敏式、磁敏式及接近开关等。为降低 SRD 成本，提高系统工作的可靠性，亦有采用定子绕组瞬态电感信息的"波形检测法"及基于状态观测器的"无位置传感器"转子位置检测方案。

以下将对常用的光敏式转子位置传感器加以介绍。

光敏式转子位置传感器一般由光电脉冲发生器和转盘组成。转盘有与转子相同的齿、槽，且齿、槽均匀分布。转盘固定在转子轴上，光电脉冲发生和接收部分可固定在定子上，亦可固定在机壳上。

位置检测方案分为全数检测方案和半数检测方案两种。全数检测所用光电器件的个数为电动机的相数 m，而半数检测方案所用光电器件的个数为相数的一半。无论采用哪种检测方案，相邻光电脉冲发生器之间的夹角 θ_g 均由下式决定：

$$\theta_g = \left(k + \frac{1}{m}\right)\tau_r \tag{6.24}$$

式中　m——电动机相数；

　　　τ_r——转子极距角；

　　　k——取值为 $0,1,2,\cdots$，的任意常数。

以 (8/6) 四相 SR 电动机（步进角 $\theta_{step}=15°$，$\tau_r=60°$）半数检测为例，转盘的齿、槽数与转子的凸极、凹槽数一样为 6，且均布，所占角度均为 30°，转盘安装在转子轴上并同步旋转，夹角为 75°的两光电脉冲发生器 S、P 分别固定在定子极的中心线左右外侧 75°/2 处。

当圆盘中凸起的齿转到开槽的光电脉冲发生器 S、P 位置时，因其中发光管的光被遮住而使其输出状态为 0，没有被遮住时其输出状态为 1，则在一个转子角周期 τ_r（$\tau_r=60°$）内，S、P 产生两个相位差为 15°、占空比为 50% 的方波信号，它组合成 4 种不同的状态，分别代表电动机四相绕组不同的参考位置。例如，设在某时刻的相对位置为计时零点，有 $S=1,P=1$；转子逆时针转过 15°，状态变为 $S=1,P=0$；再转过 15°，则 $S=0,P=0$；再经过一个步进角，则 $S=0,P=1$；再经过一个 15°，转子已转过一个转子角周期 τ_r，则状态重新恢复为起始的 $S=1,P=1$。如此往复循环，如图 6.21(a) 所示。图 6.21(b) 则给出了对应于位置状态信息相应的绕组电感变化（基于线性模型）。

光电脉冲发光器电路如图 6.22 所示。图中 VG 为光断续器，R_1、R_2 为限流电阻，C 为滤波电容。

在图 6.22 所示的光电脉冲发生器输出的位置脉冲信号应有一定陡度的上升沿和下降沿。为此，光电三极管输出电压常常通过门电路整形后输出（图 6.23(a)）或仅用一个有滞回特性的比较器整形后输出（图 6.23(b)），以消除输出位置信号中的"毛刺"。

6.5.2　速度检测

由式 (6.22)，对于角速度为 ω_r(rad/s) 的 SR 电动机，其一路转子位置检测信号的频率为

$$f_1 = \frac{N_r \omega_r}{\pi(N_s - N_r)} \tag{6.25}$$

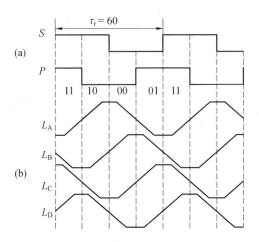

图 6.21 转子位置信号及对应相电感变化

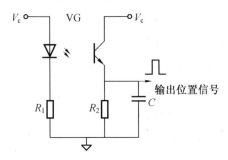

图 6.22 光电脉冲发生器电路

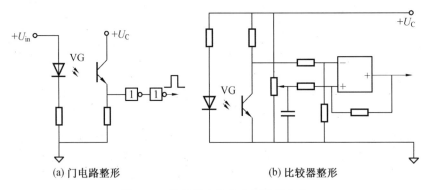

(a) 门电路整形　　　　　(b) 比较器整形

图 6.23 带整形电路的位置检测电路

将 $\omega_r = 2\pi n_r/60$ 代入式(6.24)中,则有

$$f_1 = \frac{N_r n_r}{30(N_s - N_r)} \quad (6.26)$$

式中　n_r——转子速度,r/min;

　　　N_r——转子极数;

　　　N_s——定子极数。

由此可见,转子位置检测信号的频率与电动机的转速成正比,测出转子位置检测信号的频率即可间接测得转速。由于 SRD 位置检测输出信号为数字信号,所以其转速测量不需要采用

测速发电机或脉冲发生器等附加器件,十分简单易行,而且便于与计算机接口。一般而言,SRD 转速转换的方法可分为模拟式和数字式两种。模拟式主要采用 F/V 电路,基于频率电压转换原理,反映转速的信号为电压量,一般应用在模拟控制的 SRD 中;数字式则直接利用位置脉冲的周期和频率来反应速度的大小,常用的方法又分为 M 法、T 法和 M/T 法以及这些方法的扩充,一般应用在数字控制的 SRD 中。

1. 模拟测试法(F/V 电路测速)

如图 6.24 所示为应用运算放大器和门电路构成的 F/V 电路测量 SR 电动机的原理图。

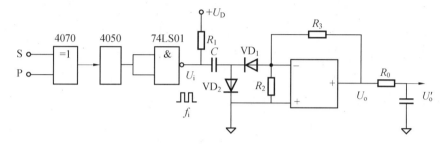

图 6.24 转速检测(F/V)电路

两路位置信号 S、P 经 4070CMOS 异或门两倍频,4050 是 COMS、TTL 电平同相缓冲变换驱动器,其输出信号再经一级 TTL 与非门(74LS01)缓冲,形成频率为 f_i 的脉冲信号 U_i。

当 U_i 为高电平时,U_D 给电容 C 充电;U_i 为低电平时,U_c 经 74LS01 门放电,VD_1 导通,放电电流可视为全部流过 R_3。因此在一个 U_i 周期内的平均放电电流 $I = Q/T = U_D C f_i$,则输出 $U_o = IR_3 = U_D R_3 C f_i$。

可见,输出电压 U_o 是与输入信号频率 f_i 成正比的。调节 R_3、C 可以调节满刻度频率。输出 U_o 经 R_0、C_0 滤波可以降低纹波,但会使响应变慢,所以应根据纹波和响应速度的要求折中考虑。

图 6.25 为应用 LM2917 F/V 单片集成电路测量转速的线路图。

LM2917 采用积木化设计,内部设置了稳压电源,14 脚引线为用户构成不同的功能提供了方便,采用单极性电源,最大值为 28 V。图 6.25(b)中的电位器 RP 是调整满刻度用的。R_5、C_3 和 R_6、C_4 构成两级 RC 输出滤波。

2. 数字测速法

位置传感器与 SR 电动机硬件连接,每转均发出一定数量的位置脉冲信号,无论采用全数检测还是采用半数检测,将若干位置传感器的输出信号经过简单的组合逻辑电路,总能得到一步进角脉冲,如果在已知的时间间隔内由计数器计下步进角脉冲数,并送至计算机,则可计算出在这段时间内的平均转速。与普通电动机采用光电脉冲编码器和微机组成测速装置检测平均转速相类似,数字测速法亦有 3 种常用的方法,分述如下。

(1)M 法测速。

M 法测速是在相等的时间间隔内用读数步进角脉冲个数来计算转速,从而得到转速的测量值。

步进角脉冲信号由计数器计数,定时器每隔时间 T 向 CPU 发出一次中断请求,CPU 响应中断后,从计数器读出计数值并立即将计数器清零。由计数值的大小即可求出对应的转速测量值。若时间 T 内共发出 m 个步进角脉冲,则按下式计算:

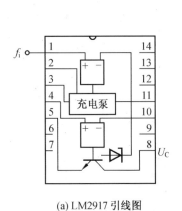
(a) LM2917 引线图

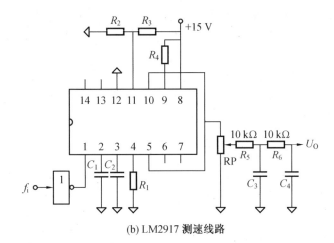
(b) LM2917 测速线路

图 6.25 开关磁阻电动机 F/V 集成电路测速

$$n_r = \frac{60m}{p_N T} \tag{6.27}$$

式中 p_N——每转的步进角脉冲数,$p_N = N_s N_r / (N_s - N_r)$。

由此可见,转速 n_r 与计数值 m 成正比,故冠以 M 法测速。

M 法测速比较适合于高速运行时测速,低速时测速精度较低。另外,由式(6.26)可见,M 法测速的分辨率值与 p_N、T 成反比,通常为了保证系统实现稳定的快速效应,改善系统的控制性能,速度检测时间(即采样时间)T 不可过长,而每转步进角脉冲数一般不大,所以为了提高速度检测的分辨能力,采用 M 法时,需要将步进脉冲信号经倍频器倍频后再由计数器计数,这时式(6.26)中 p_N 表示每步进角脉冲数与倍频率之积。

(2)T 法测速。

T 法测速是通过测出相邻两个步进脉冲之间的间隔时间来计算转速的一种测速方法,而时间的测量是借助计数器对已知频率的时钟脉冲计数实现的。

图 6.26 为 T 法测速原理图。每输出一步进脉冲,都通过微机接口向 CPU 发出一次中断请求,CPU 响应中断后,从计数器读出计数值并清零,由计数值即可算出转速。

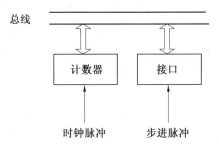

图 6.26 T 法测速原理图

设式中频率为 f,两个步进脉冲间的计数值为 m,则步进脉冲周期 T 为

$$T = m/f \tag{6.28}$$

转速为

$$n_r = \frac{60}{T p_N} = \frac{60f}{p_N m} \tag{6.29}$$

式中 p_N——每转步进脉冲数。

对比式(6.28)和式(6.26)不难看出,T法测速与M法测速刚好相反,T法转速越高,测量计数值m越小,因此T法较适合于低速场合测速。事实上,与M法相比,T法测速的优点就在于低速段对转速的变化具有较强的分辨能力,从而有望提高系统低速运行的控制性能。

由式(6.27)、式(6.28)可得出T法测速的检测时间为

$$T = \frac{60}{p_N n_r} \quad (6.30)$$

(3) M/T法测速。

M/T法测速综合了M法和T法两种测速的特点,即可在低速段可靠地测速(如T法),也可以在高速段如M法具备较高的分辨能力,因此M/T法不失为一种满足具有宽范围调速能力的SRD速度检测所需的较佳方法。

图6.27中T_0由一定时器定时固定。检测周期T由T_0结束后,输出的第一个步进脉冲来决定,即$T = T_0 + \Delta T$,设在T内,SR电动机的转角为$\theta(\text{rad})$,则有

$$\theta = \frac{2\pi n_r T}{60} = \frac{2\pi n_r (T_0 + \Delta T)}{60} \quad (6.31)$$

若在T内发出的步进脉冲数为m_1,则θ亦可表示为

$$\theta = \frac{2\pi m_1}{p_N} \quad (6.32)$$

又若在T内对频率为f的时钟脉冲的计数值为m_2,则检测时间为

$$T = \frac{m_2}{f} \quad (6.33)$$

由式(6.30)~式(6.32),可求出转速为

$$n_r = \frac{60 f m_1}{p_N m_2} \quad (6.34)$$

由式(6.33)可知,只要用两个计数器在检测时间T内分别对位置信号脉冲和时钟脉冲计数,并在时钟频率f已知的情况下可计算出转速n。

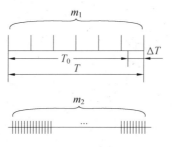

图6.27 M/T法测速原理图

6.6 实例:开关磁阻电动机调速系统设计

本例以TI公司的DSP控制芯片TMS320F2812为核心对SR电动机进行控制。对调速系统控制器的硬件和软件进行设计。硬件部分给出了调速系统的总体结构图,并给出了位置传

感器电路、主电路,软件主要包括:主程序、启动子程序、相逻辑判断子程序、转速计算子程序、PWM 中断子程序、捕获中断子程序。

6.6.1 开关磁阻电动机调速系统的硬件设计

1. 系统的总体结构

开关磁阻电动机传动系统主要由 4 部分组成:开关磁阻电动机、功率变换器、控制器和检测器,如图 6.28 所示。

基于 TMS320LF2812 的开关磁阻电动机控制系统硬件结构图如图 6.29 所示。

DSP 负责判断转子的位置信息,并综合各种保护信号、给定信息以及转速情况,给出相通断信号及低速下的电流斩波限定值。PWM 信号、相通断信号、斩波信号及电流保护信号相结合产生 IGBT 的触发信号。此系统的正常工作过程如下:首先在控制手柄上给出启动信号,在检测系统状态一切正常的情况下,根据位置传感器提供的电动机转子位置信号,由 DSP 给出相通断信号,该信号控制功率电路向电动机绕组供电,使电动机转子转动。

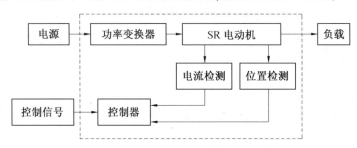

图 6.28 系统硬件设计框图

由图 6.28 可以清楚地看到控制程序部分所需要的各个模块和它们所实现的功能以及各个模块之间的相互关系,可以看出系统由位置信号处理、速度计算、A/D 采样与转换、算法和计算、PWM 电压输出等组成。

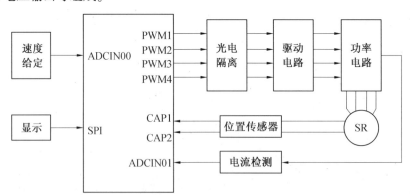

图 6.29 基于 TMS320F2812 的开关磁阻电动机控制系统硬件结构图

2. 位置传感器电路

本系统选用 SRD 中用得最多的简单可靠的光电式位置传感器 H216,它由静止和转动两部分组成。前者包括红外发光二极管、红外光敏三极管和辅助电路;后者为与 SRM 转子同轴安装的 30°间隔的 6 齿遮光盘,遮光盘的齿和转子齿位置一致,宽度相同。遮光盘与电动机同步旋转。这种传感器将一只红外光发射管和一只红外光电三极管分别固定在一只 U 形支架的二臂上,二臂相对的面上各开有一条窄缝,以利于发射管发出的红外线被光敏三极管所接受。当检测盘的凸起部分位于传感器 U 形槽内时,光敏管接收不到光信号,光敏管处于截止状态,U_0 为高电平,而检测盘的凹进部分位于传感器 U 形槽内时,光敏管因收到光信号处于通态,U_0 为低电平。其原理图如图 6.30 所示。

由于系统采用的电动机是 8/6 极开关磁阻电动机,对于四相 8/6 结构 SR 电动机(步进角为 $\theta_{step}=15°$,转子角周期 $\tau_r=60°$)必须有两个互差 $(15°+nb)$ 的传感器方可确定转子转动的角度位置,其中 b 为转子凸起的角度周期,n 为正整数。所以采用相距 75°的两个传感器如图 6.31 所示。

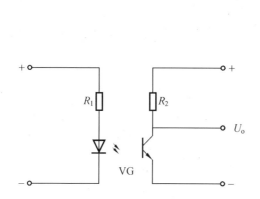
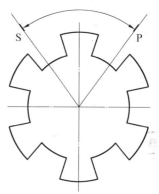

图 6.30 光电开关电路原理图　　　图 6.31 传感器安装位置

图 6.32 则给出了对应于位置状态信息相应的绕组电感(基于线性模型)。

当圆盘中凸起的齿转到开槽光电传感器 S、P 位置时,因其中发光管的光被遮住而使其输出状态为 0,没有被遮住时,其输出状态为 1,则在一个转子角周期 $\tau_r(\tau_r=60°)$ 内,S、P 产生两个相位差为 15°、占空比为 50% 的方波信号,它组合成 4 种不同的状态,分别代表电动机四相绕组不同的参考位置。例如,设相对位置为计时零点,有 $S=1,P=1$;转子逆时针转过 15°,状态变为 $S=1,P=0$;再转过 15°,则 $S=0,P=0$;再转过 15°,则 $S=0,P=1$;再经过一个 $P=1$,转子已转过一个转子角周期 τ_r,则重新恢复为起始的 $S=1,P=1$;如此往复循环。如图 6.33 所示是位置传感器的外围电路。

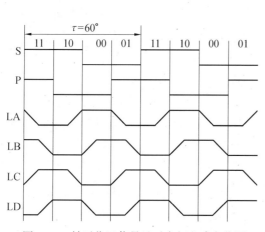
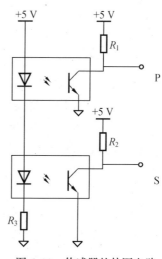

图 6.32 转子位置信号及对应相电感变化图　　　图 6.33 传感器的外围电路

TMS320LF2812 的两个捕获单元 CAP1、CAP2 分别检测这两路信号。当捕获输入引脚上检测到一个转换时,定时器 T1 或 T2 的值被捕获并存储在相应的两级深度 FIFO 堆栈中。位置信号的上、下跳变均引起捕获口中断,即每产生一次捕获口中断,CAP 的中断服务程序根据转子的瞬时位置信号,由 SRM 电动机换相逻辑,确定电动机对应绕组关断与导通,并根据测周法计算电动机的实际转速。

电动机旋转方向与通电相的关系及位置检测的状态关系见表 6.2。

表 6.2 电动机旋转方向与通电相的关系及位置检测的状态关系表

S	P	顺时针方向旋转		逆时针方向旋转	
0	0	A	D	B	C
0	1	D	C	C	D
1	1	C	B	D	A
1	0	B	A	A	B

为了增强抗干扰能力,消除共模干扰,由光电编码器输出的电动机转子位置信号采用差分传送,所以系统中必须设置差分电路。这里采用 DS3487 差分芯片和 DS3486 反差分芯片来传送位置信号。如图 6.34 所示。经 DS3486 处理后输出的位置信号经过 74LS04 整形送到 DSP 的相应管脚。X、Y 信号接到 DSP 的 CAP1 和 CAP2 引脚。

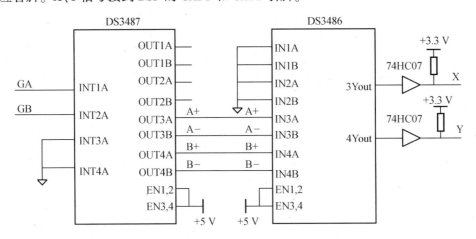

图 6.34 位置信号差分传送电路

3. 主电路

主电路结构采用 H 桥型电路,如图 6.35 所示。

A、B、C、D 为 SR 电动机的四相绕阻,$VD_1 \sim VD_4$ 为快速恢复续流二极管,$VT_1 \sim VT_4$ 为 IGBT。U_s 为整流电路输出的直流电源电压,电容 C_1 为储能电容,吸收 SRM 换相时回馈能量的作用。电路采用两相通电方式。例如,由 AB 相通电到 BC 相通电的换相过程当中,A 相关断,C 相开始导通,B 相维持导通。A 相处于续流状态,A、B、VD_2 形成回路,随着 B 相电流增大,中点电位必然增高,促使 A 相续流电流迅速衰减,由此实现强制换相。其中功率开关用 PWM 控制信号通过驱动电路控制其关断。

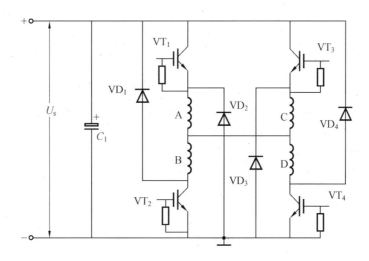

图 6.35 功率变换器主电路设计

6.6.2 开关磁阻电动机调速系统的软件设计

本节以 TMS320F2812 为核心构成的 SRD 系统采用双闭环调速方法。系统有两个反馈环,即速度环和电流环,其中电流环为内环,速度环为外环。根据 SRM 的运行机理,为了提高电动机的带载能力,当转子位置转动到使相电感开始上升的点时,相电流应达到给定值。为此,对应的主开关器件开通角 θ_{on} 应提前到相电感开始上升点之前,另一方面,为了防止产生负转矩,应在电感开始下降前切断绕组,为此主开关关断角 θ_{off} 应提前到相绕组完全齿-齿相对位置之前。显然,θ_{off} 是转速和电流值的函数,在运行中理应不断加以调整,以优化系统性能,但这增加了软件实现的复杂性,因此将 θ_{on} 和 θ_{off} 取固定值。

系统软件是调速系统的核心,开关磁阻电动机调速系统软件的主要功能是根据转子位置状态和实际转速发出相应绕组开、关信号。系统中要实现包括电动机状态值的采样与计算、控制算法的实施以及 PWM 信号的输出,DSP 根据转子的位置信息,并综合各种保护信号、给定信息以及转速情况,给出相通断信号。

本例软件的模块程序主要介绍:主程序、启动子程序、电动机控制方式选择子程序、相逻辑判断子程序、测速子程序、PWM 中断子程序、捕获中断子程序。

1. 主程序

主程序主要是对系统进行初始化,其流程图很简单,如图 6.36 所示,它包括 4 个环节:系统初始化、系统保护动作、开中断和循环等待。

2. 启动子程序

SR 电动机启动时,相绕组通电时间长,从而造成相电流周期长、磁链及电流峰值大,易导致功率变换器主电路中的主开关器件损坏。在启动初期采用占空比为最大的方式达到最快的启动运行,检测电动机的转速,在电动机转速达到或超过 50 r/min 时则认为电动机已经正常启动,将启动完毕标志位置位,结束启动过程。程序流程如图 6.37 所示。

3. 电动机的控制方式的选择

SRD 系统在低速时采用 CCC 控制方式,高速时采用 APC 控制方式。

此程序的主要功能特点为设定速度滞环,升速情况下,600 r/min 以上进行 APC 控制,降速情况下,550 r/min 以下进行定角度电压斩波控制。采用两个转换速度控制的目的是为了避免电动机在转换转速附近运行时,总处于频繁的工作方式转换过程中,如图 6.38 所示。

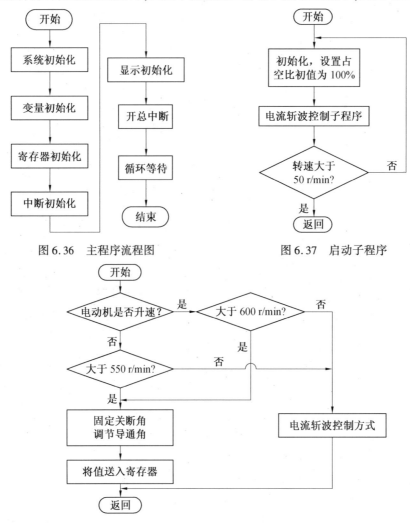

图 6.36 主程序流程图　　图 6.37 启动子程序

图 6.38 控制方式选择流程图

4. 相逻辑判断子程序

在捕获中断子程序中,要运行相逻辑判断子程序。在相逻辑判断子程序中,要根据当前位置传感器和正反转信号来预测下一次捕获中断时位置传感器的信号。当前值如果和预测值相等,那么进行逻辑处理,逻辑运算所得值存入相关寄存器,这些值是运行控制中相通断信号输出的基础。如果当前值和预测值不符,则要进行重新预测。如果反复重新预测都和当前值不符,那么就认为是传感器错误。相逻辑判断子程序流程图如图 6.39 所示。

5. 测速子程序

SRD 控制系统中,速度值是整个系统的外闭环,要实现电动机的调速,速度值的获取是必不可少的。转子的位置信号的频率与电动机的转速成正比,测出转子位置信号的频率即间接测得转速。常用的测速方法又分为 M 法和 T 法。SRD 控制系统可以应用 DSP 采用 T 法进行转速测量。

由于 TMS320F2812 的 CAP 单元不需要占用 CPU 的资源,它对应于每个捕获单元有一个二级深度的 FIFO 堆栈缓冲器,与 CPU 并行工作。可以装入两个值,第三个值装入时,会将第一个值挤出堆栈,堆栈的状态可以从 CAPFIFO 寄存器得知。

当捕获输入引脚电平发生跳变时,捕获单元将该时刻的时基的计数寄存器 TxCNT 的值装入相应的 FIFO 堆栈中,测速的原理便是利用这个数值来计算电动机转速的。测速子程序流程如图 6.40 所示。

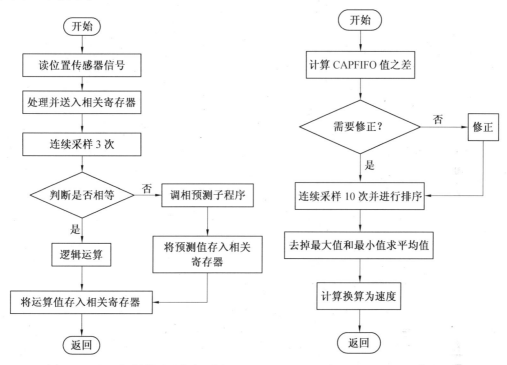

图 6.39　相逻辑判断子程序流程图　　图 6.40　测速子程序流程图

CAP 时基的计数脉冲周期为 6.4 μs,故速度计算公式为

$$n = \frac{60}{4 \times 6 \times 6.4 \times 10^{-6} \times \Delta CAPFIFO} \text{ r/min} = \frac{390\ 625}{\Delta CAPFIFO} \text{ r/min} \tag{6.35}$$

由于存在外界干扰,这将导致 DSP 计算出的速度同电动机的实际转速不符。故程序中采用均值法对速度值进行修正,最终取其平均值作为此时的速度值。实验证明,实际的误差小于 5 r/min。

6. PWM 中断子程序

将 PWM 信号与换相、斩波以及过流等信号相与控制 IGBT。此中断程序由 DSP 的 T_1 定时器确定时间,通过 PI 控制算法计算出的值,对斩波占空比进行更新,同时也通过实时采样的电流和电压值,判断是否过流、过压及是否进行电流斩波控制。其流程如图 6.41 所示。

7. 捕获中断子程序

本程序主要完成对捕获单元检测的位置信号进行判断及处理,并计算电动机的转速。捕获中断得到的状态是确定当前相和下一相导通的关键,子程序根据换相逻辑,给换相标志赋值。而其 FIFO 捕获的数值是计算转速的基准。当捕获输入端发生跳变时,捕获单元会将跳变时刻的定时器的计数值存入到一个两级的 FIFO 栈,这就为计算转子的转速提供了方便。捕获中断子程序如图 6.42 所示。

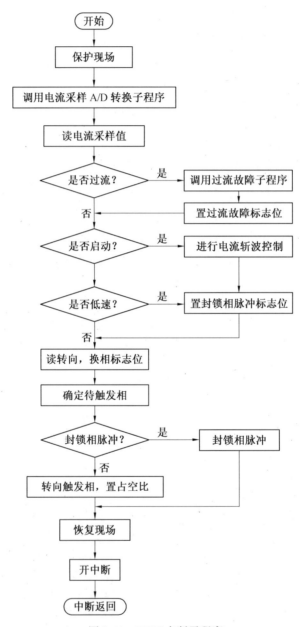

图 6.41 PWM 中断子程序

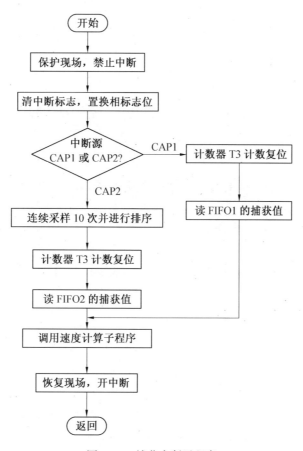

图 6.42 捕获中断子程序

习　题

1. 以四相 8/6 级 SR 电动机为例,说明开关磁阻电动机的工作机理。
2. 开关磁阻电动机有什么特点？
3. 开关磁阻电动机系统,常用的主电路功率拓扑有哪几种形式？
4. 开关磁阻电动机调速的控制参数有哪些？
5. 开关磁阻电动机在低速运行时,为什么要采用电流斩波控制(CCC)？

第7章 步进电动机控制

步进电动机是将电脉冲信号转变成角位移,即给一个脉冲信号,步进电动机就转动一个角度。近年来,数字技术、计算技术和永磁材料等相关技术的迅速发展,推动了步进电动机的发展,为步进电动机的应用开辟了广阔道路。

7.1 步进电动机的结构和工作原理

7.1.1 步进电动机的分类与结构

1. 步进电动机的分类

步进电动机可分为以下3大类。

(1)反应式步进电动机。反应式步进电动机(Variable Reluctance,VR),其转子中没有绕组,结构简单,成本低,步距角可以做得很小,但动态性能较差。

(2)永磁式步进电动机。永磁式步进电动机(Permanent Magnet,PM),其转子是用永磁材料制成的,转子本身就是一个磁源。它的输出转矩大,动态性能好。转子的极数与定子的极数相同,所以步距角一般较大,需供给正负脉冲信号。

(3)混合式步进电动机。混合式步进电动机(Hybrid,HB)综合了反应式和永磁式两者的优点,它的输出转矩大,动态性能好,步距角小,但结构复杂,成本较高。

反应式步进电动机和混合式步进电动机应用非常广泛,本章重点介绍这两种步进电动机的原理和控制方法。

2. 反应式步进电动机的结构

如图7.1所示是一个三相反应式步进电动机结构图,可以看出,它分成转子和定子两部分,定子是由硅钢片叠成的。定子上有6个磁极(大极),每2个相对的磁极(N,S极)组成一对,共有3对。每对磁极都缠有同一绕组,即形成一相,这样3对磁极有3个绕组,形成三相,可以得出,四相步进电动机有4对磁极、4相绕组;五相步进电动机有5对磁极、5相绕组……依此类推。每个磁极的内表面都分布着多个小齿,它们大小相同,间距相同。转子是由软磁材料制成的,其外表面均匀分布着小齿,这些小齿与定子磁极上小齿的齿距相同,形状相似。

由于小齿的齿距相同,所以不管是定子还是转子,其齿距角都可按如下公式计算:

$$\theta_z = 360°/Z \tag{7.1}$$

式中 Z——转子的齿数。

例如,如果转子的齿数为40,则齿距角为 $\theta_z = 360°/40 = 9°$。

反应式步进电动机运动的动力来自于电磁力。在电磁力的作用下,转子被强行推动到最大磁导率(或者最小磁阻)的位置(图7.2(a),定子小齿与转子小齿对齐的位置),并处于平衡状态。对三相步进电动机来说,当某一相的磁极处于最大磁导率位置时,另外两相必须处于非最大磁导率位置,如图7.2(b)所示,定子小齿与转子小齿不对齐的位置。

把定子小齿与转子小齿对齐的状态称为对齿,把定子小齿与转子小齿不对齐的状态称为错齿。错齿的存在是步进电动机能够旋转的前提条件。所以,在步进电动机的结构中必须保证有错齿存在,也就是说,当某一相处于对齿状态时,其他相必须处于错齿状态。

继续上例,如果转子有40个齿,则转子的齿距角为9°,因为定子的齿距角与转子相同,定子的齿距角也是9°。所不同的是,转子的齿是圆周分布的,而定子的齿只分布在磁极上,属于不完全齿。当某一相处于对齿状态时,该相磁极上定子的所有小齿都与转子上的小齿对齐。

三相步进电动机的每一相磁极在空间上相差120°。假如当前A相处于对齿状态,以A相位置作为参考点,B相与A相相差120°,C相与A相相差240°。下面可以计算当A相处于对齿状态时,B、C两相的错齿程度。

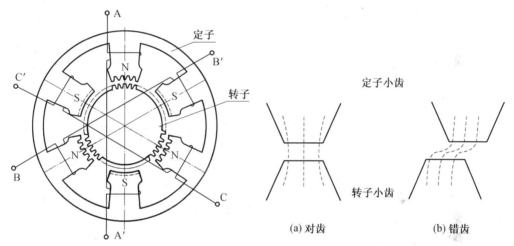

图7.1 三相反应式步进电动机结构图　　图7.2 定子小齿与转子小齿间的磁导现象

将A相磁极中心线看成0°,在0°处的转子齿为0号齿,则在120°处的B相磁极中心线上对应的转子齿号为120°/9°,即B相磁极中心线处于转子第13号齿再过1/3齿距角的地方,如图7.3所示,这说明B相错了1/3个齿距角,即错齿3°。

同理,与A相相差240°的C相磁极中心线上对应的齿号为240°/9°=26.6,即C相磁极中心线处于转子第26号齿再过2/3齿距角的地方,如图7.3所示。这说明C相错齿6°。

3. 混合式步进电动机的结构

混合式步进电动机即永磁感应式同步电动机,"混合式"这个名称的由来是因为这种电动机是在永磁和变磁阻原理共同作用下运转的。这种电动机最初是作为一种低速驱动用的交流三相同步机而设计的,后来发现如果各相绕组中通以直流脉冲,这种电动机也能做步进增量运动。由于效率高以及其他优点,混合式步进电动机成为现在工业上应用很广泛的步进电动机,图7.4为混合式步进电动机结构轴视图,图7.5为其截面示意图。

电动机定子铁芯和一般电动机一样由硅钢片叠成,铁芯内孔表面有开口槽。转子装有一个轴向磁化永磁体用以产生一个单向磁场。图7.4示出了永磁体的磁通路径。永磁体产生的磁通,在每个气隙圆周上都是单方向通过气隙的,这时作用在气隙中的磁势是同极性的,称为

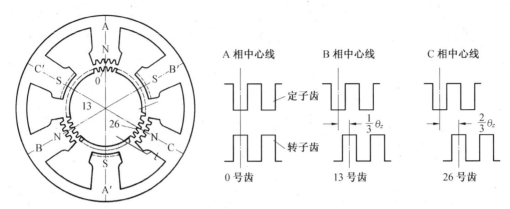

(a) A 相对齿时定转子齿的位置关系　　　　　(b) 0、13、26 号转子齿与定子齿的位置关系

图 7.3　A 相对齿时 B、C 相的错齿

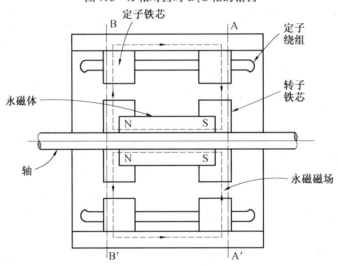

图 7.4　混合式步进电动机结构轴视图

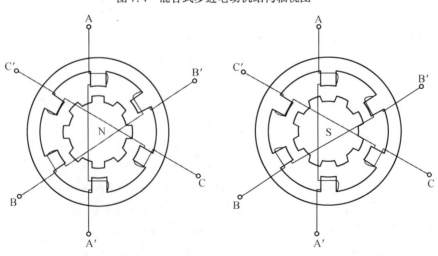

(a) N 极段铁芯截面图　　　　　　　　(b) S 极段铁芯截面图

图 7.5　三相混合式步进电动机的横截面

单极磁势。而转子包括两段,一段经永磁体磁化成 N 极,另一段磁化为 S 极,每段转子齿以一个齿距间隔均匀分布,但两段转子的齿相互错开 1/2 个转子齿距。

7.1.2 反应式步进电动机的工作原理

1. 反应式步进电动机的工作原理

如果给处于错齿状态的相通电,则转子在电磁力的作用下,将向磁导率最大(或磁阻最小)的位置转动,即向趋于对齿的状态转动,步进电动机就是基于这一原理转动的。

步进电动机的步进过程如图 7.6 所示,当开关 K_A 合上时,A 相绕组通电,使 A 相磁场建立。A 相定子磁极上的齿与转子的齿形成对齿,同时,B 相、C 相上的齿与转子形成错齿。

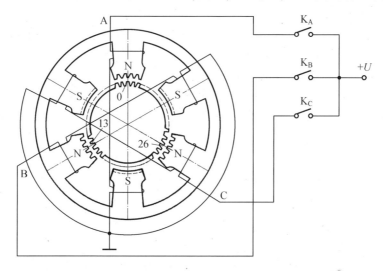

图 7.6 步进电动机的工作原理

将 A 相断电,同时将 K_B 合上,使处于错 1/3 个齿距角的 B 相通电,并建立磁场。转子在电磁力的作用下,向与 B 相成对齿的位置转动。其结果是:转子转动 1/3 个齿距角;B 相与转子形成对齿;C 相与转子错 1/3 个齿距角;A 相与转子错 2/3 个齿距角。

相似地,在 B 相断电的同时,闭合开关 K_C 给 C 相通电建立磁场,转子又转动了 1/3 个齿距角,与 C 相形成对齿,并且 A 相与转子错 1/3 个齿距角,B 相与转子错 2/3 个齿距角。

当 C 相断电,再给 A 相通电时,转子又转动了 1/3 个齿距角,与 A 相形成对齿,与 B、C 两相形成错齿。至此,所有的状态与最初时一样,只不过转子累积转过了一个齿距角。

可见,由于按 A—B—C—A 顺序轮流给各相绕组通电,磁场按 A—B—C 方向转过了 360°,转子则沿相同方向转过一个齿距角。

同样的,如果改变通电顺序,即按与上面相反的方向(A—C—B—A 顺序)通电则转子的转向也改变。

如果对绕组通电一次的操作称为一拍,那么前面所述的三相反应式步进电动机的三相轮流通电就需要 3 拍。转子每拍走一步,转一个齿距角需要 3 步。

转子走一步所转过的角度称为步距角 θ_N,可用下式计算:

$$\theta_N = \frac{\theta_z}{N} = \frac{2\pi}{NZ} \qquad (7.2)$$

式中 N——步进电动机工作拍数。

例如,对于转子有 40 个齿的三相步进电动机来说,转过一个齿距角相当于转过 9°,共用了 3 步,每换相一次走一步,这样每步走了 3°,步距角为 3°。

2. 单 3 拍工作方式

三相步进电动机如果按 A—B—C—A 方式循环通电工作,就称这种工作方式为单 3 拍工作方式。其中"单"指的是每次对一个相通电;"3 拍"指的是磁场旋转一周需要换相 3 次,这时转子转动一个齿距角。如果对多相步进电动机来说,每次只对一相通电,要使磁场旋转一周就需要多拍。

在用单 3 拍方式工作时,各相通电的波形如图 7.7 所示,其中电压波形是方波,而电流波形则由两段指数曲线组成。这是因为受步进电动机绕组电感的影响,当绕组通电时,电感阻止电流的快速变化;当绕组断电时,储存在绕组中的电能通过续流二极管放电。电流的上升时间取决于回路中的时间常数。我们希望绕组中的电流也能像电压一样突变,这一点与其他电动机不同,因为这样会使绕组在通电时能迅速建立磁场,断电时不会干扰其他相磁场。

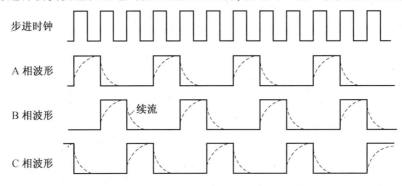

图 7.7 单 3 拍工作方式时的相电压、电流波形

3. 双 3 拍工作方式

三相步进电动机的各相除了单 3 拍方式通电工作外,还可以有其他通电方式,双 3 拍是其中之一。

双 3 拍的工作方式是:每次两相同时通电,即所谓"双";磁场旋转一周需要换相 3 次,即所谓"3 拍",转子转动一个齿距角,这与单 3 拍是一样的。在双 3 拍工作方式中,步进电动机正转的通电的顺序为 AB—BC—CA;反转的通电顺序为 BA—AC—CB。

因为在双 3 拍工作方法下,转子转动一个齿距角需要的拍数也是"3 拍",所以,它的步距角与单 3 拍时一样,仍然用式(7.2)求得。

在用双 3 拍方式工作时,各相通电的波形如图 7.8 所示。由图可见,每一拍中都有两相通电,每一相通电时间都持续两拍,所以,双 3 拍通电的时间长,消耗的电功率大,当然,获得的电磁转矩也大。

双 3 拍工作时,所产生的磁场形状与单 3 拍时不一样,如图 7.9 所示。

与单 3 拍另一个不同之处是,双 3 拍工作时的磁导率最大位置并不是转子处于对齿的位置。

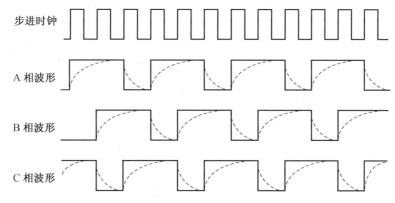

图7.8 双3拍工作方式时的相电压、电流波形

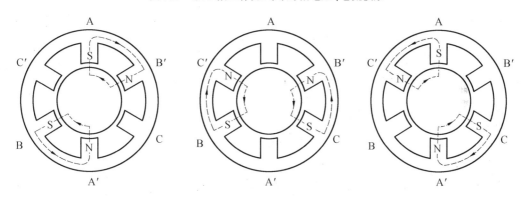

图7.9 双3拍工作时的磁场情况

当 A、B 两相通电时,最大磁导率的位置是转子齿与 A、B 两相磁极的齿分别错±1/6 个齿距角的位置,此时转子齿与 C 相错 1/2 个齿距角,如图 7.10(a)所示。也就是说,在最大磁导率位置时,没有对齿存在。在这个位置,A 和 B′(或 A′和 B)两个磁极所产生的磁场,使定子与转子相互作用的电磁转矩大小相等,方向相反,使转子处于平衡状态。

同样,当 B、C 两相通电时,平衡位置是转子齿与 B、C 两相磁极的齿分别错±1/6 齿距角的位置,如图 7.10(b)所示。

当 C、A 两相通电时,平衡位置是转子齿与 C、A 两相磁极的齿分别错±1/6 个齿距角的位置,如图 7.10(c)所示。

双3拍方式还有一个优点,即不易产生失步。这是因为当两相通电后,由图 7.7 和图 7.10 可见,两相绕组中的电流幅值不同,产生的电磁力作用方向也不同。所以,其中一相产生的电磁力起了阻尼作用。绕组中电流越大,阻尼作用就越大。这有利于步进电动机在低频区下工作。而单3拍由于是单相通电励磁,不会产生阻尼作用,因此当工作在低频区时,由于通电时间长而使能量过大,易产生失步现象。

4.6 拍工作方式

6 拍工作方式是三相步进电动机的另一种通电方式,这是单3拍和双3拍交替使用的一种方法,也称作单双6拍励磁法。

步进电动机的正转通电顺序为 A—AB—B—BC—C—CA;反转通电顺序为 A—AC—C—CB—B—BA。可见,磁场旋转一周,通电需要换相 6 次(即 6 拍),转子才转动一个齿距角,这

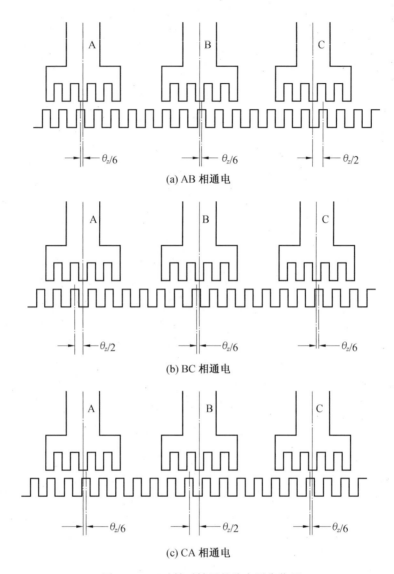

(a) AB 相通电

(b) BC 相通电

(c) CA 相通电

图 7.10 双 3 拍时转子的稳定平衡位置

是与单 3 拍和双 3 拍最大的区别。

由于转子转动一个齿距角需要 6 拍,根据式(7.2),6 拍工作时的步距角要比单 3 拍和双 3 拍时的步距角小一半,所以步进精度要高一倍。

6 拍工作方式时的相电压、电流波形如图 7.11 所示,可以看出,在使用 6 拍工作方式时,有 3 拍是单相通电,3 拍是双相通电;对任一相来说,它的电压波形是一个方波,周期为 6 拍,其中有 3 拍连续通电,3 拍连续断电。

单 3 拍、双 3 拍、6 拍 3 种工作方式的区别见表 7.1。

由表 7.1 可以看出,这 3 种工作方式的区别较大,一般来说,6 拍工作方式的性能最好,单 3 拍工作方式的性能较差。因此,在步进电动机控制中,选择合适的工作方式非常重要。

对于多相步进电动机,也有几种工作方式,例如四相步进电动机,有单 4 拍(A—B—C—D)、双 4 拍(AB—BC—CD—DA)、8 拍(A—AB—B—BC—C—CD—D—DA 或者 AB—ABC—

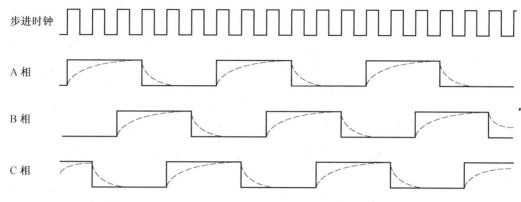

图7.11 6拍工作方式时的相电压、电流波形

BC—BCD—CD—CDA—DA—DAB)。

表7.1 单3拍、双3拍、6拍3种工作方式比较

工作方式	单3拍	双3拍	6拍
步进周期	T	T	T
每相通电时间	T	2T	3T
相电流	小	较大	最大
高频性能	差	较好	较好
转矩	小	中	大
电磁阻尼	小	较大	较大
振荡	易	较易	不易
功耗	小	大	中

7.1.3 混合式步进电动机的工作原理

混合式步进电动机的气隙磁动势有两种:一种是永磁铁产生的磁动势,另一种是定子绕组产生的磁动势。在每个具体的磁极下,这两种磁动势有时是相加的,有时是相减的,随交流绕组中通入电流方向变化。这种步进电动机的特点就是加入了永磁铁的磁动势,如果不计磁路的饱和作用和铁芯中的磁阻,允许在反应转矩的磁动势中使用叠加原理,那就可以用转矩星形图分析各个磁极产生的定位转矩的大小和方向,然后,确定整个电动机的定位转矩和可能的供电方式。

7.2 步进电动机的特性

7.2.1 步进电动机的振荡、失步及抑制方法

步进电动机的振荡和失步是一种常见现象,它影响着系统的性能。本节将对振荡和失步的原因进行分析,并给出相应的解决方法。

1. 振荡

步进电动机的振荡现象主要发生在：①步进电动机工作在低频区；②步进电动机工作在共振区；③步进电动机突然停车时。

当步进电动机工作在低频区时，励磁脉冲间隔的时间较长，步进电动机表现为单步运行。当励磁开始时，转子在电磁力的作用下加速转动，在平衡点时，电磁驱动转矩为零，但转子的转速最大。由于惯性，转子冲过平衡点，这时电磁力产生负转矩，转子在负转矩的作用下，转速逐渐为零，并开始反向转动。当转子反转过平衡点后，电磁力又产生正转矩，迫使转子正向转动。如此反复，转子围绕平衡点振荡。在机械摩擦和电磁阻尼的作用下，这个振荡表现为衰减振荡，最终稳定在平衡点。

当步进电动机工作在共振区时，步进电动机的脉冲频率接近步进电动机的振荡频率 f_0 或振荡频率的分频或倍频，这会使振荡加剧，严重时会造成失步。步进电动机的振荡频率 f_0 可由下式求出：

$$f_0 = \frac{1}{2\pi}\sqrt{\frac{ZT_{\max}}{J}} \tag{7.3}$$

式中　J——转动惯量；

　　　Z——转子齿数；

　　　$T_{\max}$——最大转矩。

振荡失步的过程可描述为：当第一个脉冲到来后，转子经历了一次振荡；当转子回摆到最大幅值时，恰好第二个脉冲到来，转子受到的电磁转矩为负值，转子继续回摆；接着第三个脉冲到来，转子受正电磁转矩的作用回到平衡点。

当步进电动机工作在高频区时，由于换相周期短，转子来不及反冲。同时，绕组中的电流尚未上升到稳定值，转子没有获得足够的能量，所以，工作在这个工作区中不会产生振荡。减小步距角可以减小振荡幅值，以达到削弱振荡的目的。

2. 失步

造成步进电动机失步可分成以下两种情况。

(1)转子转速低于旋转磁场的速度或者慢于换相速度。例如，步进电动机在启动时，如果脉冲的频率较高，电动机来不及获得足够的能量，使转子跟不上旋转磁场的速度，因此引起失步。步进电动机有一个启动频率，超过启动频率启动时，肯定会失步。启动不是一个固定值，减小负载转动惯量、减小步距角都可以提高步进电动机的启动频率。

(2)转子平均转速大于旋转磁场的转速，这种情况发生在制动和突然换向时，由于转子获得了过多能量，产生了严重过冲，从而引起了失步。

3. 抑制方法

消除振荡是通过增加阻尼来实现的，主要有机械阻尼法和电子阻尼法两种。机械阻尼法通常在电动机轴上加阻尼器，而电子阻尼法有多种，分别介绍如下。

(1)细分法。即将步进电动机绕组中的稳定电流分成若干台阶，每进一步，电流升一级。同时，也相对地提高步进频率，使步进过程平稳。

(2)变频变压法。步进电动机在高频和低频时转子获得能量是不一样的。在低频时绕组中的电流上升时间长，转子获得的能量大，因此，易产生振荡；在高频时则相反。

(3)多相励磁法。步进电动机采用多相励磁会产生电磁阻尼，可以有效地削弱或消除振荡现象。例如,三相步进电动机的双3拍和6拍方式。

7.2.2 步进电动机的矩频特性

步进电动机的矩频特性是指输出转矩和脉冲频率的关系,图7.12是矩频特性曲线的一个例子,由图可知,步进电动机的矩频特性是一条下降曲线,以最大负载转矩(即启动转矩)为起点,随着控制脉冲频率 f 逐步增加,步进电动机的转速也逐渐增加,但负载能力却逐步下降。这是因为在绕组电感的影响下,电流的上升需要一定的时间。以图7.13的驱动电路为例,电流上升时驱动电路的时间常数为

$$\tau_a = \frac{L}{R_a} \tag{7.4}$$

式中　L——绕组的电感;
　　　R_a——导通回路的总电阻,包括绕组电阻、限流电阻 R_1 和功率管导通电阻。
电流下降时放电回路的时间常数为

$$\tau_b = \frac{L}{R_b} \tag{7.5}$$

式中　R_b——放电回路的总电阻,包括绕组电阻、耗能电阻 R_2 和续流二极管结电阻。

由于时间常数的存在,绕组中的电流上升和下降都需要一定的时间。当脉冲频率较低时,绕组中通电周期较长,电流平均值较大,因此能维持较高的转矩;当脉冲频率较高时,绕组通电的周期较短,电流的平均值较小,因此转矩下降。另外,随着频率的上升,转子转速升高,在定子绕组中产生的附加旋转电动势使电动机受到更大的阻尼转矩,铁芯的涡损也增加,这些都是步进电动机输出转矩下降的原因。在矩频特性曲线上的凹陷可看成步进电动机的共振区,由于共振也要消耗一定的能量,故使得转矩下降。

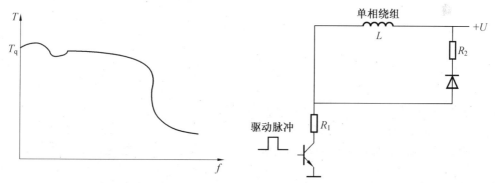

图7.12　步进电动机的矩频特性　　图7.13　步进电动机驱动电路

提高矩频特性的高频性能,可采用以下方法。

(1)减小时间常数。由式(7.4)可知,增加电阻 R_a 可以减小时间常数,但增加 R_a 会使通电回路中的电流值减小。所以,为了保证通电回路中的电流不变,在增加电阻 R_a 的同时,也要提高电源电压。

(2)改进工作方式。采用多相励磁的工作方式,例如,三相步进电动机的双3拍、6拍方式。多相励磁的工作方式使每相通电的时间延长了,电动机就能获得较多的能量,使高频时的输出转矩增加。

7.2.3 步进电动机的矩角特性

把转子处于平衡点的位置称为零点。在励磁状态不变的情况下,如果让转子离开零位,转子偏离零位线的夹角称为失调角 θ_e。失调角是在齿距角 θ_z 范围内变化的,为了表示方便,将齿距角的范围看成 2π,失调角就以 2π 为基准来表示。例如,$\theta_e=1/4\theta_z$,则可表示为 $\theta_e=\pi/2$ 或 $\theta_e=-\pi/2$。转子偏离零位,即有失调角,就会产生电磁转矩。电磁转矩的大小与失调角 θ_e 的大小有关,它们之间的关系就称为步进电动机的矩角特性。下面来分析电磁转矩沿失调角的分布。

1. 单相通电

当失调角 $\theta_e=0$ 时,转子处于零位。定子齿与转子齿之间的电磁力在转子的切线方向上没有分力,所以转子不转动,如图 7.14 所示。

如果转子偏离零位,就有失调角存在,电磁力在转子的切线方向就产生分力,因而形成转矩。随着失调角的增加(顺时针方向),当 $\theta_e=\pi/2$ 时,转矩最大。转矩的方向为逆时针,如图 7.14(b) 所示,为负转矩;当 $\theta_e=\pi$ 时,转子齿转到两定子齿之间,转子齿受到两个定子齿的电磁力,在切线方向上保持平衡,如图 7.14(c) 所示,此时转子受到的电磁转矩为零;当 $\theta_e>\pi$ 时,转子转到下一个定子齿附近,受该定子齿的作用,产生正转矩,如图 7.14(d) 所示;当 $\theta_e=2\pi$ 时,转子齿转到新的零位,受到的转矩为 0。再转下去,进入下一个循环。

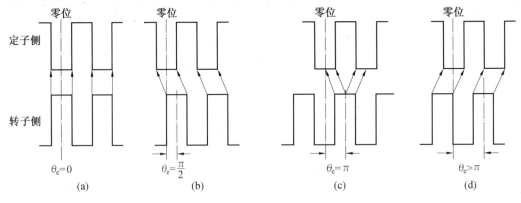

图 7.14 电磁转矩随失调角的变化

步进电动机的转矩随失调角的变化规律可用曲线表示,其形状近似正弦曲线,如图 7.15 所示,其中 T_{max} 是最大转矩,表示步进电动机承受负载的能力,是主要性能指标之一。

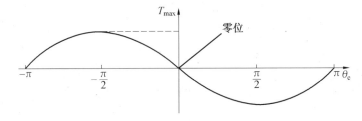

图 7.15 步进电动机的矩角特性

2. 多相通电

由叠加原理可知,多相通电时的矩角特性可近似地由每相单独通电时的矩角特性叠加求出。例如三相步进电动机双 3 拍方式时,A、B 两相单独通电时的矩角特性如图 7.16 所示,两条曲线的相位差 120°,最大转矩分别为 T_A、T_B。将 A、B 两相的矩角特性曲线叠加,就可以得到 A、B 同时通电时的矩角特性,其最大转矩为 T_{AB}。

由图 7.16 可见,对于三相步进电动机,两相通电时的最大转矩与单相通电时的相同,因此,三相步进电动机不能靠增加通电相数来提高最大转矩。

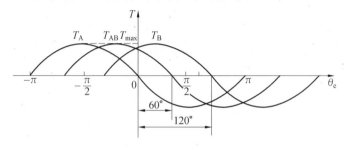

图 7.16 三相步进电动机单相、双相通电时的矩角特性

3. 单步运行与最大负载能力

由步进电动机的矩角特性可知,转矩是随失调角而变化的,它不是一个固定值,下面来分析变化的转矩是如何驱动负载的。

图 7.17 是单 3 拍运行时的矩角特性,曲线 A 是 A 相通电时转矩的变化曲线。如果此时送入一个可知脉冲,切换为 B 相绕组通电,转子就会转过一个步距角 θ_N(1/3 个齿距角,相当于失调角为 120°),转矩的变化规律如曲线 B 所示。由图 7.17 可知,步进电动机所能提供连续的最大驱动负载转矩为 A、B 两条曲线的交点纵坐标,即 T_q,该值被称为最大负载转矩或启动转矩。只有当负载转矩 $T_L<T_q$ 时,步进电动机才能带动负载做步进运动。步距角 θ_N 越小,A、B 曲线的交点越上移,T_q 越接近 T_{max},步进电动机带载能力越大。因此,减小步距角可以有效地提高步进电动机的带载能力。

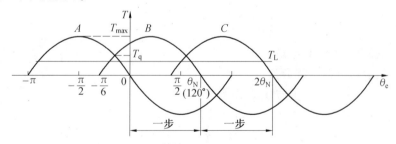

图 7.17 单 3 拍运行时的矩角特性

7.3 三相混合式步进电动机的理想化数学模型

步进电动机转矩的产生是基于定、转子的齿槽效应,这是与传统电动机的最大差别。为了分析方便做了一些定义:静转矩是指不改变控制绕组通电状态时的转矩值,它是绕组电流及失调角的函数,当绕组电流值不变时,静转矩与失调角的关系称为矩角特性;动转矩是指转子转

动情况下的最大输出转矩值,它与运行频率有关;定位转矩是指绕组不通电时,电磁转矩的值。

以三相混合式步进电动机为例进行分析。其步距角为

$$\theta_b = \frac{360°}{m_1 Z_r} \tag{7.6}$$

式中　m_1——电动机整步运行拍数；

　　　Z_r——电动机转子齿数。用电角度表示时有

$$\theta_e = \frac{360°}{m_1} \tag{7.7}$$

图 7.18 是定子绕组无励磁时的等值磁路图。其中,F_m、Λ_m 和 Λ_σ 分别是对应于 1/2 磁钢截面积的等效磁势、内部磁导和漏磁导。Λ_a、Λ_b 和 Λ_c 分别为一端极下 A、B 和 C 相每极下的气隙磁导，Λ'_a、Λ'_b 和 Λ'_c 分别为另一端极下 A、B 和 C 相每极下的气隙磁导,不计铁芯饱和及忽略高次谐波时,可表示为

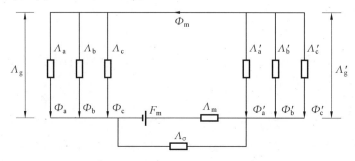

图 7.18　定子绕组无励磁时的等值磁路图

$$\begin{cases} \Lambda_a = \Lambda_0 + \Lambda_1 \cos\theta_e \\ \Lambda_b = \Lambda_0 + \Lambda_1 \cos(\theta_e - 120°) \\ \Lambda_c = \Lambda_0 + \Lambda_1 \cos(\theta_e - 240°) \\ \Lambda'_a = \Lambda_0 - \Lambda_1 \cos\theta_e \\ \Lambda'_b = \Lambda_0 - \Lambda_1 \cos(\theta_e - 120°) \\ \Lambda'_c = \Lambda_0 - \Lambda_1 \cos(\theta_e - 240°) \end{cases} \tag{7.8}$$

式中　Λ_0——气隙磁导的恒定分量,H；

　　　Λ_1——气隙磁导的基波分量,H；

　　　θ_e——定转子齿中心线间夹角的电角度,rad。

由图 7.18 可知两端极下外部磁路的磁导分别为

$$\left. \begin{array}{l} \Lambda_g = \Lambda_a + \Lambda_b + \Lambda_c = 3\Lambda_0 \\ \Lambda'_g = \Lambda'_a + \Lambda'_b + \Lambda'_c = 3\Lambda_0 \end{array} \right\} \tag{7.9}$$

外部磁路的总磁导为

$$\Lambda_\Sigma = \frac{1}{\frac{1}{\Lambda_g} + \frac{1}{\Lambda'_g}} + \Lambda_\sigma = \frac{3}{2}\Lambda_0 + \Lambda_\sigma \tag{7.10}$$

漏磁系数可以表示为

$$k_\sigma = \frac{\Lambda_\Sigma}{\dfrac{1}{\dfrac{1}{\Lambda_g}+\dfrac{1}{\Lambda'_g}}} = \frac{\dfrac{3}{2}\Lambda_0 + \Lambda_\sigma}{\dfrac{3}{2}\Lambda_0} = \frac{3\Lambda_0 + 2\Lambda_\sigma}{3\Lambda_0} \tag{7.11}$$

虽然 Λ_g 保持不变,但是各相内的磁通却与转子位置有关,即转子在定子各相内产生的互磁通是交变的,两端极下各相磁通分别为

$$\begin{cases} \Phi_a = \dfrac{\Phi_m}{3\Lambda_0 k_\sigma}\Lambda_a \\ \Phi_b = \dfrac{\Phi_m}{3\Lambda_0 k_\sigma}\Lambda_b \\ \Phi_c = \dfrac{\Phi_m}{3\Lambda_0 k_\sigma}\Lambda_c \\ \Phi'_a = \dfrac{\Phi_m}{3\Lambda_0 k_\sigma}\Lambda'_a \\ \Phi'_b = \dfrac{\Phi_m}{3\Lambda_0 k_\sigma}\Lambda'_b \\ \Phi'_c = \dfrac{\Phi_m}{3\Lambda_0 k_\sigma}\Lambda'_c \end{cases} \tag{7.12}$$

各相总磁通分别为

$$\begin{cases} \Phi_A = \Phi_a - \Phi'_a = \dfrac{2\Phi_m \Lambda_1}{3\Lambda_0 k_\sigma}\cos\theta_e \\ \Phi_B = \Phi_b - \Phi'_b = \dfrac{2\Phi_m \Lambda_1}{3\Lambda_0 k_\sigma}\cos(\theta_e - 120°) \\ \Phi_C = \Phi_c - \Phi'_c = \dfrac{2\Phi_m \Lambda_1}{3\Lambda_0 k_\sigma}\cos(\theta_e - 240°) \end{cases} \tag{7.13}$$

由式(7.13)可知,各相总磁通是转子位置角 θ_e 的函数。对于一相来说,例如对 A 相,转子产生的互磁链为

$$\Psi_{12} = 2N\Phi_A = \frac{4}{3}\frac{N\Phi_m \Lambda_1}{\Lambda_0 k_\sigma}\cos\theta_e \tag{7.14}$$

式中 N——定子绕组的匝数。

当定子一相通电时,定子回路的磁共能分量为

$$W'_{f12} = \frac{1}{2}I\Psi_{12} = \frac{2}{3}\frac{NI\Phi_m \Lambda_1}{\Lambda_0 k_\sigma}\cos\theta_e \tag{7.15}$$

转子回路也有一个相应的磁共能分量,表示为

$$W'_{f21} = W'_{f12} = \frac{2}{3}\frac{NI\Phi_m \Lambda_1}{\Lambda_0 k_\sigma}\cos\theta_e \tag{7.16}$$

定子线圈的自感为

$$L_{ss} = \frac{\Psi_s}{i_s} = \frac{N\Phi_s}{i_s} = \frac{NF_s(\Lambda_a + \Lambda_b + \Lambda_c)}{i_s} = 3N^2\Lambda_0 = 常值 \tag{7.17}$$

式中，L_{ss} 不随角度变化而变化，其磁共能分量 W_{ss} 不随转角变化而变化。

将永磁体等效为与定子有相同匝数 N 的线圈，励磁电流为 i_f，又因为电感 L 表示线圈中通过单位电流时所产生的磁链，即有转子自感为

$$L_{ff} = \frac{\Psi_f}{i_f} = \frac{N\Phi_f}{i_f} = \frac{NF\Lambda'_{\Sigma}}{i_f} = N^2\Lambda'_{\Sigma} \tag{7.18}$$

Λ'_{Σ} 为转子回路的总磁导（包括外部磁路及磁钢内部磁路），可表示为

$$\Lambda'_{\Sigma} = \frac{1}{\frac{1}{\Lambda_m} + \frac{1}{\Lambda_m}} = 常值 \tag{7.19}$$

因为 Λ'_{Σ} 保持不变，L_{ff} 不随角度变化为常值，则其磁共能分量 W_{ff} 不随转角变化而变化。则静转矩为

$$T = \frac{\partial W'_f}{\partial \theta} = \frac{\partial}{\partial \theta}(W'_{f12} + W'_{f21} + W_{ff} + W_{ss}) =$$

$$-\frac{4}{3}NI\frac{\Lambda_1}{k_\sigma \Lambda_0}\Phi_m Z_r \sin\theta_e = -K_0 I \sin\theta_e \tag{7.20}$$

式中

$$K_0 = \frac{4}{3}N\frac{\Lambda_1}{k_\sigma \Lambda_0}\Phi_m Z_r \tag{7.21}$$

由上述分析可知在不计铁芯饱和的影响并忽略主磁导中高次谐波的影响时，得出矩角特性为正弦曲线。

当定子绕组三相通电，在忽略磁路饱和的情况下可采用叠加原理，三相混合式步进电动机可以作为一台多极三相永磁同步电动机分析。如果转子齿数为 Z_r，则它的特性相当于一台极对数为 $3Z_r$ 的三相同步电动机。

7.4 步进电动机的驱动技术

步进电动机的驱动方式有多种，可以根据实际需要来选用，下面介绍它们的工作原理。

1. 单电压驱动

单电压驱动，是指在电动机绕组工作过程中，只有一个方向电压对绕组进行供电。它的特点是电路最简单。

图 7.13 就是一个例子，它只有一个电源 U。电路中的限流电阻 R_1 决定了时间常数，但 R_1 太大会使绕组供电电流减小，因此会使电动机的高频性能下降。可在 R_1 两端并联一个电容，以使电流的上升波形变陡来改善高频特性，但这样做会使低频性能变差。R_1 在工作中要消耗一定的能量，所以这个电路损耗大，效率低。一般只用于小功率步进电动机的驱动。

2. 双电压驱动

用提高电压的方法可以使绕组中的电流上升沿变陡，这样就产生了双电压驱动。双电压驱动有两种方式：双电压法和高低电压法。

（1）双电压法。

双电压法的基本思想是在较低频段用较低的电压驱动，而在高频时用较高的电压驱动，原理线路如图 7.19 所示。

当电动机工作在低频时,给 T_1 低电平,使 T_1 关断。这时电动机的绕组由低电压 V_L 供电,控制脉冲通过 T_2 使绕组得到低压脉冲电源。当电动机工作在高频时,给 T_1 高电平,使 T_1 打开。这时二极管 D_2 反向截止,切断低电压电源 V_L,电动机绕组由高电压 V_H 供电,控制脉冲通过 T_2 使绕组得到高压脉冲电源。

这种驱动方法保证了低频段仍然具有单电压驱动的特点,在高频段具有良好的高频性能,但仍没摆脱单电压驱动的弱点,在限流电阻 R 上仍然会产生损耗和发热。

(2)高低电压法。

高低压驱动的设计思想是不论电动机工作频率如何,在导通相的前沿用高电压供电来提高电流的前沿上升率,而在前沿过后用低电压来维持绕组的电流。

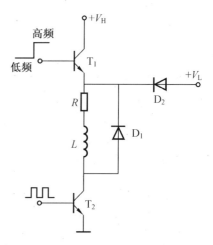

图 7.19　双电压驱动原理图

高低压驱动原理图如图 7.20(a)所示,初看起来,与双电压驱动电路似乎差别不大,但实际上工作过程截然不同。高压开关管 T_1 的输入脉冲 u_H 与低压开关管 T_2 的输入脉冲 u_L 同时起步,但脉宽要窄得多。两个脉冲同时使开关管 T_1、T_2 导通,使高电压 V_H 为电动机绕组供电。这使得绕组中电流 i 快速上升,电流波形的前沿很陡,如图 7.20(b)所示电流波形。当脉冲 u_H 降为低电平时,高压开关管 T_1 截止,高电压被切断,低电压 V_L 通过二极管 D_2 为绕组继续供电。由于绕组电阻小,回路中又没串联电阻,所以可以为绕组提供较大电流。

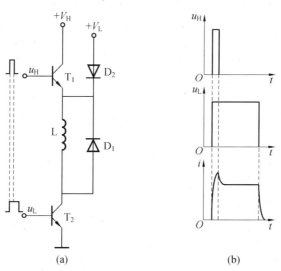

图 7.20　高低压驱动原理图

在低频工作时,由于绕组通电周期长,容易能量过剩。因此,在设计中,可通过计算平均电流的方法来选择低电压 V_L 的值。

在高频工作时,由于绕组通电周期短,可能出现 u_H 与 u_L 脉宽相同。因此,在设计中,要保证在最高工作频率工作时,u_H 的脉宽不要大于 u_L 的脉宽。

步进电动机与其他电动机不同,所标称的额定电压和额定电流只是参考值;又因为步进电动机以脉冲方式供电,电源电压是其最高电压,而不是平均电压,所以,步进电动机可以超出其额定值范围工作,这就是为什么步进电动机可以采用高低压工作的原因。一般高压选择范围是 80~150 V,低压选择范围是 5~20 V。选择时不要偏离步进电动机的额定值太远。

高低压驱动法是目前普遍应用的一种方法,由于这种驱动在低频时电流有较大的上冲,电动机低频噪声较大,低频共振现象存在,使用时要注意。

3. 恒流斩波驱动

双电压驱动电路的缺点是在高低压连接处电流出现谷点,这样势必引起力矩在谷点附近下降。恒流斩波型电路可以克服这个缺点,恒流斩波驱动是性能较好、目前使用较多的一种驱动方式。其基本思想是:无论电机是在锁定状态还是在低频段或高频段运行,均使导通相绕组的电流保持额定值。

图 7.21(a)是恒流斩波驱动的原理图。T_1 是一个高频开关管。T_2 开关管工作在低频状态,其发射极接一只取样电阻 R。比较器的一端接给定电压 u_c,另一端接取样电阻上的压降,当取样电压为小于 u_c 时,比较器输出高电平。

当控制脉冲 u_i 为低电平时,T_1 和 T_2 两个开关管均截止;当 u_i 为高电平时,T_1 和 T_2 两个开关管均可导通,电源向绕组供电。由于绕组电感的作用,R 上的电压逐渐升高,当超过给定电压 u_c 的值时,比较器输出低电平,使与门输出低电平,T_1 截止,电源被切断;当取样电阻上的电压小于给定电压时,比较器输出高电平,与门也输出高电平,T_1 又导通,电源又开始向绕组供电。这样反复循环,直到 u_i 为低电平。

可见,功率管 T_2 每导通一次,T_1 通断多次,绕组中的电流波形为锯齿形,如图 7.21(b)所示。

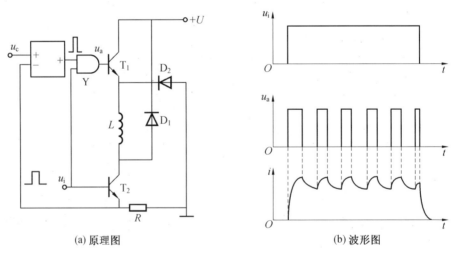

(a) 原理图　　　　　　　　　　(b) 波形图

图 7.21　恒流斩波驱动原理图

4. 升频升压驱动

从前述驱动器可以看出,为了提高驱动系统的高频响应,都采取了提高供电电压、加快电流上升沿的措施,但会使低频振动加剧。从原理上来说,为了减小低频振动,应使低速时绕组电流上升沿较平缓,这样才使转子在到达新的稳定平衡位置时不产生过冲,而在高速时则应使电流具有较陡的前沿以产生足够的绕组电流,这样才能提高电动机的带载能力。这就要求驱动器对绕组提供的电压与电动机运行频率建立直接联系,低频时用较低电压供电,高频时用较高电压供电。升频升压驱动方式能较好地满足这一要求。这种电路的原理框图如图7.22所示。

这种驱动器使得加到电动机绕组的电压随着CP脉冲的频率而成线性变化,如图7.23所示。这就保证电动机在工作频率较低时,绕组供电电压也较低,使绕组导通电流的前沿上升平缓,而在工作频率较高时,绕组的供电电压成线性升高,使电流前沿不断增加。线路中的调整器处于开关工作状态,开关频率由锯齿波发生器的周期决定。CP脉冲对驱动级的作用除与前述多种驱动线路相同之外,还被送入积分器进行积分,形成与CP脉冲频率成正比的直流电压送入比较器中,这个电压与锯齿波发生器发出的锯齿波进行比较,形成控制电压调整器的斩波脉冲,脉冲宽度与CP脉冲的频率成正比。当CP脉冲频率较低时,比较器输出较窄的斩波脉冲;当CP脉冲频率较高时,比较器输出较宽的斩波脉冲。

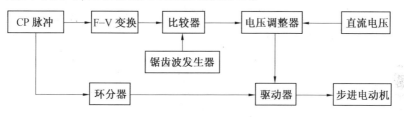

图7.22 升频升压驱动原理图

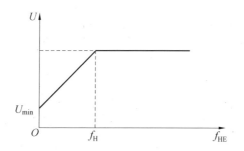

图7.23 调整器输出与频率的关系

5. 细分驱动

混合式步进电动机驱动系统的综合运行性能与电动机本体和驱动方式有密切的关系。三相混合式步进电动机有对称的磁系统,但是不足之处是步距角较大,运行起来会有转矩波动而导致振荡,采用细分运行方式可以明显改善这一情况。在定子绕组分别通入互差120°的正弦电流,可得到类似同步机的转矩特性,使电动机均匀旋转。

(1)三相混合式步进电动机的通电方式。

三相混合式步进电动机有多种通电方式。一般电动机上电后环分器输出的第一拍用于将电动机转子按磁导最大的原则牵入稳定零位,从第二拍起,电动机开始跟踪环分器输出的通电方式运行。不同的通电方式,对步进电动机的性能有着不同的影响,下面对几种常用的通电方式做简要说明。

与反应式步进电动机不同,混合式步进电动机定子绕组可以双向通电,为了得到尽量大的转矩,提高绕组利用率,三相反应式步进电动机中常用的单3拍,单双6拍等通电方式虽然在理论上也可以扩展应用到混合式电动机中来,但是实际上可以发挥混合式步进电动机优点的是双 6 拍通电方式和 2、3 相 12 拍通电方式。

① 双 6 拍通电方式。

通电方式为

$$AC\_ \to C\_B \to BA\_ \to A\_C \to CB\_ \to B\_A$$

其转矩形星图如图 7.24 所示。

② 2、3 相 12 拍通电方式。

通电方式为

$$\begin{cases} AC\_ \to AC\_B \to C\_B \to C\_BA\_ \to BA\_ \to BA\_C \to A\_C \\ \to A\_CB\_ \to CB\_ \to CB\_A \to B\_A \to B\_AC\_ \to AC\_ \end{cases}$$

其转矩星形图如图 7.25 所示。

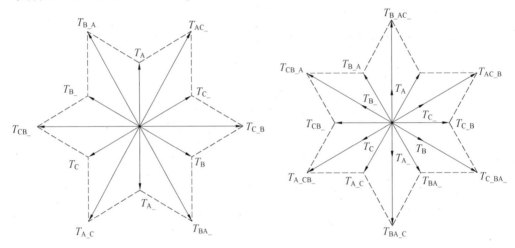

图 7.24　三相双 6 拍转矩星形图　　图 7.25　2、3 相 12 拍转矩星形图

(2) 三相混合式步进电动机细分驱动原理。

以上的各种驱动控制方式都是以方波脉冲来实现步进电动机转子的转动。这种运动给步进电动机的应用带来不少弊病,最为显著的就是步进电动机在低速运行时的振荡。步进电动机振荡导致振动和噪声是步进电动机的重要缺陷,其严重性比交直流电动机要严重得多,为了改善这个问题,产生了一种新的驱动方式——细分驱动。所谓细分驱动就是把步进电动机的步距角由原来的一步再细分为若干步,这样步进电动机的运动就近似地变为匀速运动,并能使它在任何位置保持。为了减小步距角,单从电动机本身来解决是有难度的,特别是小机座号的电动机,于是设法将供电的电流波形由矩形改为阶梯,这样在输入电流的每个阶梯时,电动机的偏转角减小,从而采用这种驱动方式可以大大改善电动机的低频特性,实现微步进给。

以三相反应式步进电动机的单双 6 拍方式来解释这种细分,如图 7.26 所示。可见细分波形实际上是对原来的方波的前沿和后沿做一定的改变。保持 A 相电流的最大值时,使 B 相电流从零上升到最大值,可以使转子连续转过 A 相到 B 相之间的半个步距角。同样,保持 B 相电流为最大,使 A 相电流从最大值减小到零,可以使转子连续转过 A 相到 B 相之间的另一半步距角。BC、CA 相之间的变化同理。由此可见,细分驱动的基本思想在于方波电流波形前后沿的改变,是立足于传统驱动方式的一种改进。

针对三相混合式步进电动机,对双 6 拍供电方式进行细分,其电流波形如图 7.27 所示。

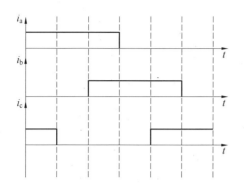 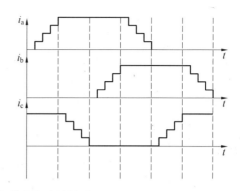

图 7.26　三相单双 6 拍细分各相电流波形

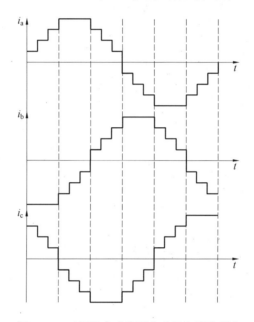

图 7.27　三相混合式步进电动机电流阶梯化

从前面的分析可知,步进电动机细分控制的实质是通过对步进电动机定子绕组电流的控制,使步进电动机每步的合成磁场按某种要求变化,从而实现步进电动机步距角的细分。一般情况下,合成磁场矢量决定了步进电动机旋转力矩的大小和步距角的大小。最佳的细分方式是均匀细分,即等步距角、等力矩的细分。要想实现对步进电动机的恒力矩均匀细分控制,必须合理控制电动机绕组中的电流使步进电动机内部合成磁场的幅值恒定,而且每个进给脉冲所引起的合成磁场的角度变化也要均匀。为了使步进电动机绕组中电流的变化引起电动机内部励磁磁场方向变化,必须至少给两相绕组同时通电。

从图 7.27 可以看出,三相混合式步进电动机的正弦细分方式采用的是三相绕组同时通电工作方式。要分析三相电流在每一拍符合均匀细分的电流值,实际上就是将一个幅值不变的、在空间平面以恒定步距角步进旋转的矢量分解到三相坐标上去。从数学角度来看,这种从两相坐标轴系到三相坐标轴系的投影分解具有多种可能,但在电机学领域,有一种特定变换是很基本的,即派克逆变换。

采用定子坐标系进行转换可表示为

$$\begin{cases} i_{ak} = \sqrt{\dfrac{2}{3}} i_{\alpha k} \\ i_{bk} = \sqrt{\dfrac{2}{3}}(\cos 120° i_{\alpha k} + \sin 120° i_{\beta k}) \\ i_{ck} = \sqrt{\dfrac{2}{3}}(\cos 240° i_{\alpha k} + \sin 240° i_{\beta k}) \end{cases} \quad (7.22)$$

合成电流矢量为

$$i_k = i_m \sin(k\theta + \theta_0) + i_m \cos(k\theta + \theta_0) \quad (7.23)$$

式中 θ——均匀细分的步距角(电角度);

θ_0——合成电流矢量与 A 相坐标的初始角度;

k——均匀细分拍数。

其中,$i_{\beta k} = i_m \sin(k\theta + \theta_0)$,而 $i_{\alpha k} = i_m \cos(k\theta + \theta_0)$ 代入式(7.22)则有

$$\begin{cases} i_{ak} = \sqrt{\dfrac{2}{3}} i_m \cos(k\theta + \theta_0) \\ i_{bk} = \sqrt{\dfrac{2}{3}} i_m \cos(k\theta + \theta_0 - 120°) \\ i_{ck} = \sqrt{\dfrac{2}{3}} i_m \cos(k\theta + \theta_0 + 120°) \end{cases} \quad (7.24)$$

由此可以得出三相混合式步进电动机均匀细分时各步的电流阶梯值,很明显,图 7.27 的细分方式无法达到均匀细分的目的。

7.5 步进电机细分驱动举例

由前述分析可知,三相混合式步进电动机采用正弦波细分技术,大大提高了步进运行的分辨率和抑制低频振荡的能力,改善了其动态特性。本例介绍了三相混合式步进电动机正弦波细分驱动器,系统采用 AT89S51 单片机进行正弦波细分运行环形分配器设计,选用了 IGBT 智能模块,大大减小了驱动器的体积。限于篇幅,以下只给出系统的硬件结构和软件设计部分。

1. 系统的硬件结构

驱动器的系统总体结构框图如图 7.28 所示,由给定信号发生器、电流调节单元、电流反馈、逻辑合成单元、功率驱动电路和保护电路等组成。

(1) 给定信号发生器。

给定信号发生器是系统控制电路的核心部分,由 AT89S51 产生,经 8 位 D/A 转换器 DAC0832 和运算放大器 LF353 得到三相正弦波电流给定,同时由 AT89S51 输出带有死区的整步信号。

(2) 电流反馈。

电流检测采用电流霍尔元件。由于电流给定只有正弦波的正半周,因此电流反馈信号需要经过精密全波整流、低通滤波等环节处理后再输入电流调节单元。

(3) 电流调节单元。

电流调节单元采用他激式 PWM 工作方式控制绕组电流,由专用脉宽调制芯片 TL494 实

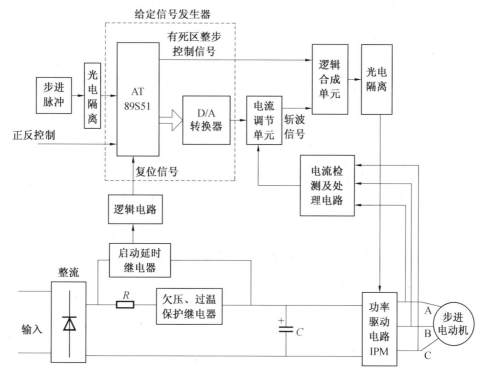

图 7.28 系统总体结构框图

现。将电流给定与电流反馈进行比较,输出控制绕组通断的 PWM 波,通过调节 PWM 波的占空比来控制绕组电流大小,从而使绕组电流跟随给定正弦阶梯波电流变化。

(4)逻辑合成单元。

该单元是将电流调节单元输出的 PWM 斩波信号与 AT89S51 输出的带有死区控制的整步信号进行逻辑合成,其输出即为功率开关管的通断控制信号。

(5)功率驱动电路。

该部分由 IR 公司生产的 IGBT 智能模块器件 IRAMS06UP60A 构成。该器件以 IGBT 为功率开关元件,并集成了基于自举技术的专用集成驱动芯片,使其可用于高压系统。IPM 的选取既减小了驱动器的体积,同时又提高了系统的可靠性。

(6)欠压和过温保护电路。

系统具有完备的保护功能。欠压和过温保护继电器触点与电阻 R 串接,控制直流母线电压的通断,在故障发生的情况下立即切断直流母线电压,从而保护了功率器件 IGBT 不受损坏。

(7)主电路充电延时和驱动信号封锁保护电路。

采用限流电阻 R 控制功率电容的充电电流,待正常运行时由启动延时继电器的常开触点将 R 短接,交流电压经整流全部加在 C 上,同时在延时继电器动作瞬间复位电平翻转,使系统开始运行。

2. 细分驱动环形分配器的设计

(1)微步驱动环形分配器的构成。

正弦环形分配器的主要功能是把来源于控制环节的时钟脉冲串按一定的规律控制励磁绕

组的导通或截止。同时，由于电动机有正反转要求，所以这种环形分配器的输出既是周期性的，又是可逆的。因此，环形分配器是一种特殊的可逆循环计数器，只是这种计数器的输出不是一般的编码，而是由电动机励磁状态要求的特殊编码。

在本系统中，正弦环形分配器主要由单片机 AT89S51、8 位 D/A 转换器 DAC0832 和运算放大器 LF353 共三部分组成。其电路结构如图 7.29 所示。

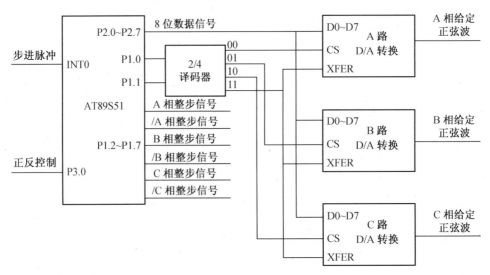

图 7.29　正弦环形分配器的电路结构

单片机指令顺序执行的特点是很难保证三相控制信号的同步输出，必然存在一定的延迟。因此本系统利用 DAC0832 双缓冲的特点，将数据锁存后统一输出，避免了单片机指令时间的延迟。

用单片机实现的环形分配器，具有以下特点：

环形分配器采用软件编程即可实现，不需要任何外围电路，工作量小；通过修改程序可以实现多种励磁方式，硬件电路无需任何改动，因此具有一定的通用性；采用单片机产生的整步信号不易受外界干扰，因此增加了系统的可靠性。

(2) 正弦波阶梯电流的给定。

本控制器利用 DAC0832 双缓冲的特点成功地解决了控制信号的同步问题。子程序采用外部中断 INT0 和判断 P3.0 的状态来控制电动机的正反转。同时利用 P1.1 和 P1.0 和 2/4 译码器对三路 D/A 转换器进行选通。当 P1.1 和 P1.0 分别为 (0,0)、(0,1) 和 (1,0) 时，可以作为 DAC0832 的一级锁存信号；当 P1.1 和 P1.0 为 (1,1) 时，触发三片 D/A 转换器二级锁存触发信号，同时输出六路整步信号。

A、B、C 三相电流给定值的 8 位二进制码输出送入 DAC0832 进行数模转换得到正弦阶梯波。由于本驱动器系统要实现 6 细分，由于正弦阶梯波的阶梯数不是很多，因此选择具有 8 位分辨率的 D/A 转换器就可以满足要求。

DAC0832 为电流型 D/A 转换器，要获得模拟电压输出时，需要外加转换电路。本文采用运放 LF353 与 D/A 转换器 DAC0832 构成单极性电压输出，产生模拟的正弦阶梯波。三相给定的电流正弦阶梯波如图 7.30 所示。不难看出，B 相给定电流滞后 A 相 120°，C 相滞后 B 相 120°。

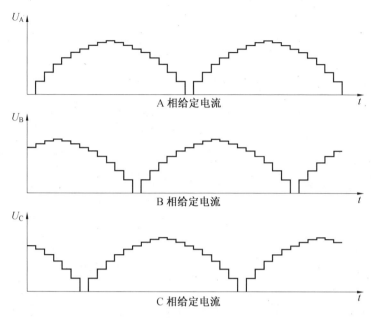

图 7.30 三相给定电流的相位关系

(3)精密参考电压源的设计。

目前在 D/A 转换接口中常用到的 D/A 转换器大多不带有参考电压源。有时为了方便地改变输出模拟电压范围、极性,须配置相应的参考电压源,故在 D/A 接口设计中经常要进行参考电压源的设计。本系统采用 TL431 作为 −5 V 的电压基准源,实验表明采用输出稳定的电压基准源是保证混合式步进电动机平稳、安全、可靠运行的重要因素,采用 TL431 实现的精密参考电压源如图 7.31 所示。

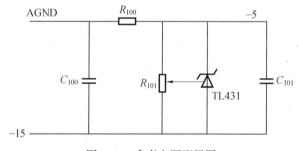

图 7.31 参考电源配置图

(4)上下功率开关管死区设置。

在三相桥式电路中为避免同一桥臂上下开关管的直通必须设置足够的死区时间。根据本系统绕组正弦给定阶梯波形的特点,在软件中设计了一种新颖的死区设置方法。以 A 相正弦波细分运行环形分配器为例,如图 7.32 所示,将电流给定值为 0 的那一个台阶设定为上下管都关断的死区即可,即在 6 个功率开关管的整步信号中去掉电流给定值为 0 的那一个台阶。

这样设置的死区时间刚好等于输入脉冲的周期值。设死区时间为 T_1,输入脉冲频率为 f,则有 $T_1 = 1/f$。如果 $T_1 = 5$ μs,则 $f = 200$ kHz,这个频率远远超过了步进电动机正常运行所需要的频率,因此 $T_1 \gg 5$ μs。这样设置的死区时间足够长,而且又不影响绕组的电流控制。

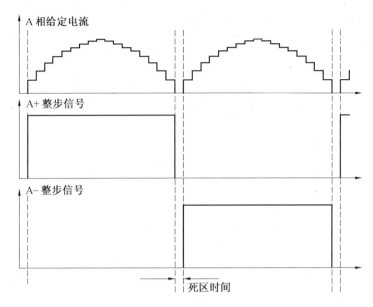

图 7.32　A 相电流正弦给定与整步信号的关系

3. 电流控制器的设计

电流控制的基本思想是将正弦电流给定与电流反馈进行比较,通过电流环 PI 调节控制 PWM 的占空比。若实际电流反馈大于电流给定,则 PWM 的占空比减小,反之则增加。实际的电机绕组电流围绕给定正弦阶梯波电流做锯齿形变化,从而实现电流闭环控制。

(1) 电流采样单元。

三相绕组电流采样采用电流霍尔传感器检测并经精密全波整流、低通滤波等处理后得到,电流采样及处理电路如图 7.33 所示。本文采用磁平衡式的电流霍尔传感器进行电流采样,这样做的优点是显而易见的,不仅可以得到完整而精确的电流采样信号,而且可以使主电路和控制电路进行电气隔离,从而提高驱动器的可靠性。电流霍尔检测绕组电流 I_b 后,输出一个与 I_b 成一定比例的小电流 i_b,这里 $i_b = I_b/200$,i_b 经取样电阻 R_1 得到反映电流的电压信号 U_f。

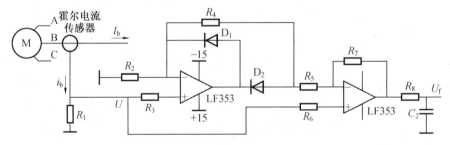

图 7.33　电流采样及处理电路

图 7.33 为采用同相输入的精密全波整流电路,该电路的特点是输入阻抗大、输出阻抗小,并且无交越失真现象出现。

(2) 电流调节单元。

电流调节单元是采用专用脉宽调制芯片 TL494 实现的,如图 7.34 所示。其电流调节原理是将正弦阶梯波电流给定与电流反馈经 PI 调节后产生一个模拟信号,再与一个固定频率的锯齿载波相比较产生 PWM 信号,从而控制主电路中功率开关管的通断时间来控制电机的绕组电流。

当 TL494 的 4 脚外加低于-0.3 V 电压时该芯片的占空比可达到 100%。该芯片内部误差放大器将电流给定与反馈进行比较,经过电流 PI 调节后输出 PWM 信号。将该信号与经过死区处理后的整步信号进行逻辑处理,然后进行功率放大。图 7.34 为 A 相绕组的电流 PI 调节单元(B、C 相绕组的电流 PI 调节单元同理),其中由 R_{19}、C_{11} 确定斩波频率为 15 kHz。U_f 为由精密全波整流、低通滤波处理后的电流采样信号,经 R_{16}、C_9 滤波处理后输入+IN1 脚,U_g 为由正弦波细分运行环形分配器产生的正弦阶梯波给定,输入到-IN1 脚。当电流反馈大于电流给定时,经过电流 PI 调节后 8 脚和 11 脚输出的占空比增大,经 IC7B 取反后占空比减小,AT89S51 发出的整步信号与此控制信号相与后取反,即占空比增大,并最终使绕组电流减小;反之当电流反馈小于电流给定时,通过电流 PI 调节将使绕组电流增大,从而使绕组电流跟踪给定正弦阶梯波电流。U、$\overline{U}$ 为两路驱动信号来驱动功率管的通断。

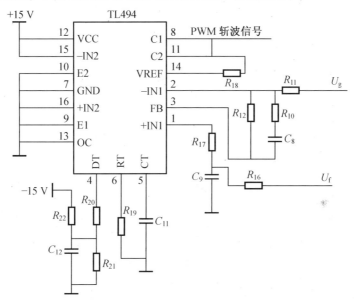

图 7.34 电流调节单元

4. 系统的软件设计

系统软件包括主程序和中断子程序两部分。主程序采用查询方式对电动机的转速进行显示;子程序采用外部中断 INT0 和 INT1 对正转脉冲和反转脉冲进行计数,同时利用 P1.0 和 P1.1 和 2/4 译码器 74LS139 发出选通信号。当 P1.0 和 P1.1 分别为(0,0)、(0,1)和(1,0)时,可以作为 3 片 DAC 的一级选通信号;当 P1.0 和 P1.1 为(1,1)时发出 3 片 D/A 转换器二级选通信号,同时输出 6 路整步信号。通过采用这种处理方式保证了三相控制信号的同步。系统的中断子程序流程图如图 7.35 所示。

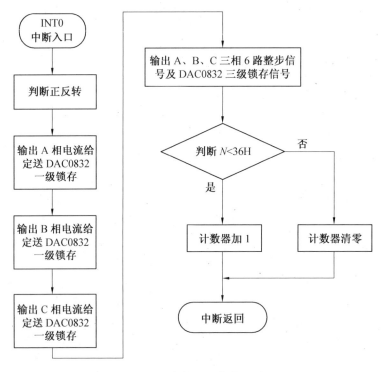

图 7.35 中断子程序流程图

本系统的 AT89S51 汇编语言源程序如下：

ORG 0000H

JMPMAIN

ORG 0003H

JMP INT0

ORG 0100H

MAIN: MOV SP,#60H   ;主程序预处理

　　　MOV 40H,#00H

　　　CLR PX0

　　　CLR EX0

　　　CLR IT0

　　　CLR EA

　　　SETB PX0;设定外部中断 0 中断优先级控制位

　　　SETB EX0;设定外部中断 0 中断允许位

　　　SETB IT0;设定外部中断 0 请求为负跳变边沿触发方式

　　　SETB EA;设定 AT89S51 的开放中断标志位

　　　MOV A,#0FFH

HERE:JMP HERE;等待中断

INT0:JB P3.0,INT1　　　　;判断正反转(P3.0=0 正转,否则反转)

```
        MOV A,41H
        ANL A,#0FCH
        MOV P1,A             ;选通 A 相 DAC0832
        MOV A,40H
        MOV DPTR,#ZA
        MOVC A,@A+DPTR       ;查正转 A 相数据
        MOV P2,A             ;将数据送至 P2 口并送至 A 相 DAC0832

        MOV A,41H
        ANL A,#0FDH
        MOV P1,A             ;选同 B 相 DAC0832
        MOV A,40H
        MOV DPTR,#ZB
        MOVC A,@A+DPTR       ;查正转 B 相数据
        MOV P2,A             ;将数据送至 P2 口并送至 B 相 DAC0832

        MOV A,41H
        ANL A,#0FEH
        MOV P1,A             ;选通 C 相 DAC0832
        MOV A,40H
        MOV DPTR,#ZC
        MOVC A,@A+DPTR       ;查正转 C 相数据
        MOV P2,A             ;将数据送至 P2 口并送至 C 相 DAC0832

        MOV A,40H
        MOV DPTR,#TAB1
        MOVC A,@A+DPTR       ;查正转整步信号表
        MOV 41H,A
        MOV P1,A             ;将正转整步信号及 DAC9832 二级输出信号发出
        INC 40H              ;加 1 操作,等待下一个中断查表中下个数据
        MOV A,40H
        CJNE A,#24H,LABEL    ;判断一个周期数据是否发送完毕
        MOV 40H,#00H         ;清零,准备下一个周期的查表工作
INT1:   MOV A,41H
        ANL A,#0FCH
        MOV P1,A             ;选通 A 相 DAC0832
        MOV A,40H
        MOV DPTR,#FA
        MOVC A,@A+DPTR       ;查反转 A 相数据
```

```
            MOV P2,A                    ;将数据送至 P2 口并送至 A 相 DAC0832

            MOV A,41H
            ANL A,#0FDH
            MOV P1,A                    ;选通 B 相 DAC0832
            MOV A,40H
            MOV DPTR,#FB
            MOVC A,@A+DPTR              ;查反转 B 相数据
            MOV P2,A                    ;将数据送至 P2 口并送至 B 相 DAC0832

            MOV A,41H
            ANL A,#0FEH
            MOV P1,A                    ;选通 C 相 DAC0832
            MOV A,40H
            MOV DPTR,#FC
            MOVC A,@A+DPTR              ;查反转 C 相数据
            MOV P2,A                    ;将数据送至 P2 口并送至 C 相 DAC0832

            MOV A,40H
            MOV DPTR,#TAB2
            MOVC A,@A+DPTR              ;查反转整步信号表
            MOV 41H,A
            MOV P1,A                    ;将反转整步信号及 DAC9832 二级输出信号发出
            INC 40H                     ;加 1 操作,等待下一个中断查表中下个数据
            MOV A,40H
            CJNE A,#24H,LABEL           ;判断一个周期数据是否发送完毕
            MOV 40H,#00H                ;清零,准备下一个周期的查表工作

     LABEL:RETI                         ;从中断返回

     ZA:   DB 00H,2CH,57H,7FH,0A3H,0C3H,0DCH,0EFH,0FBH
           DB 0FFH,0FBH,0EFH,0DCH,0C3H,0A3H,7FH,57H,2CH
           DB 00H,2CH,57H,7FH,0A3H,0C3H,0DCH,0EFH,0FBH
           DB 0FFH,0FBH,0EFH,0DCH,0C3H,0A3H,7FH,57H,2CH       ;正转 A 表
     ZB:   DB 0DCH,0EFH,0FBH,0FFH,0FBH,0EFH,0DCH,0C3H,0A3H
           DB 7FH,57H,2CH,00H,2CH,57H,7FH,0A3H,0C3H
           DB 0DCH,0EFH,0FBH,0FFH,0FBH,0EFH,0DCH,0C3H,0A3H
           DB 7FH,57H,2CH,00H,2CH,57H,7FH,0A3H,0C3H           ;正转 B 表
```

```
ZC:    DB 0DCH,0C3H,0A3H,7FH,57H,2CH,00H,2CH,57H,7FH
       DB 0A3H,0C3H,0DCH,0EFH,0FBH,0FFH,0FBH,0EFH
       DB 0DCH,0C3H,0A3H,7FH,57H,2CH,00H,2CH,57H,7FH
       DB 0A3H,0C3H,0DCH,0EFH,0FBH,0FFH,0FBH,0EFH         ;正转 C 表

TAB1:  DB 63H,67H,67H,67H,67H,67H
       DB 27H,0A7H,0A7H,0A7H,0A7H,0A7H
       DB 87H,97H,97H,97H,97H,97H
       DB 93H,9BH,9BH,9BH,9BH,9BH
       DB 1BH,5BH,5BH,5BH,5BH,5BH
       DB 4BH,6BH,6BH,6BH,6BH,6BH                         ;正转整步信号表

FA:    DB 2CH,57H,7FH,0A3H,0C3H,0DCH,0EFH,0FBH,0FFH
       DB 0FBH,0EFH,0DCH,0C3H,0A3H,7FH,57H,2CH,00H
       DB 2CH,57H,7FH,0A3H,0C3H,0DCH,0EFH,0FBH,0FFH
       DB 0FBH,0EFH,0DCH,0C3H,0A3H,7FH,57H,2CH,00H        ;反转 A 表
FB:    DB 0C3,0A3H,7FH,57H,2CH,00H,2CH,57H,7FH
       DB 0A3,0C3H,0DCH,0EFH,0FBH,0FFH,0FBH,0EFH,0DCH
       DB 0C3,0A3H,7FH,57H,2CH,00H,2CH,57H,7FH
       DB 0A3,0C3H,0DCH,0EFH,0FBH,0FFH,0FBH,0EFH,0DCH     ;反转 B 表
FC:    DB 0EFH,0EFH,0FBH,0FFH,0FBH,0EFH,0DCH,0C3H,0A3H
       DB 7FH,57H,2CH,00H,2CH,57H,7FH,0A3H,0C3H,0DCH
       DB 0EFH,0EFH,0FBH,0FFH,0FBH,0EFH,0DCH,0C3H,0A3H
       DB 7FH,57H,2CH,00H,2CH,57H,7FH,0A3H,0C3H,0DCH      ;反转 C 表
TAB2:  DB 6BH,6BH,6BH,6BH,6BH,4BH
       DB 5BH,5BH,5BH,5BH,5BH,1BH
       DB 9BH,9BH,9BH,9BH,9BH,93H
       DB 97H,97H, 97H,97H,97H,87H
       DB 0A7H,0A7H,0A7H,0A7H,0A7H,27H
       DB 67H,67H,67H,67H,67H,63H                         ;反转整步信号表
```

习　题

1. 步进电动机有几种类型？
2. 说明混合式步进电动机的工作原理。
3. 说明反应式步进电动机的工作原理。

4. 何为整步驱动、半步驱动？
5. 以三相反应式步进电动机为例，说明何为单3拍工作模式、双3拍工作模式。
6. 说明步进电动机振荡、失步的原因以及如何解决。
7. 何为矩角特性？
8. 步进电机的驱动方式有哪几种？

参考文献

[1] 汤蕴璆. 电机学[M]. 5版. 北京:机械工业出版社,2015.
[2] 李发海. 电机学[M]. 5版. 北京:科学出版社,2013.
[3] 王兆安. 电力电子技术[M]. 5版. 北京:机械工业出版社,2009.
[4] 林渭勋. 现代电力电子技术[M]. 北京:机械工业出版社,2013.
[5] 陈坚. 电力电子学[M]. 北京:高等教育出版社,2002.
[6] BOSE B K. 现代电力电子学与交流传动[M]. 王聪,译. 北京:机械工业出版社,2013.
[7] 徐德鸿. 电力电子系统建模及控制[M]. 北京:机械工业出版社,2015.
[8] 高景德. 交流电机及其系统的分析[M]. 2版. 北京:清华大学出版社,2005.
[9] 汤蕴璆. 交流电机动态分析[M]. 2版. 北京:机械工业出版社,2015.
[10] 陈伯时. 电力拖动自动控制系统:运动控制系统[M]. 4版. 北京:机械工业出版社,2010.
[11] 李永东. 交流电机数字控制系统[M]. 2版. 北京:机械工业出版社,2012.
[12] 王成元. 电机现代控制技术[M]. 2版. 北京:机械工业出版社,2014.
[13] 陈伯时. 交流调速系统[M]. 3版. 北京:机械工业出版社,2013.
[14] 赵争鸣. 电力电子与电机系统集成分析基础[M]. 北京:机械工业出版社,2010.
[15] 马小亮. 高性能变频调速及其典型控制系统[M]. 北京:机械工业出版社,2010.
[16] BOSE B K. Modern power electronics and AC drives[M]. New Jersey:Prentice Hall,2001.
[17] 夏长亮,方红伟. 永磁无刷直流电机及其控制[J]. 电工技术学报,2012,03:25-34.